DILI JIAOXUE

DE

SHIJIAN GUANLI YANJIU

地理教学的
时间管理研究

陈昊 著

江苏大学出版社
JIANGSU UNIVERSITY PRESS

镇 江

图书在版编目(CIP)数据

地理教学的时间管理研究/陈昊著. —镇江：江苏大学出版社,2016.12

ISBN 978-7-5684-0395-5

Ⅰ.①地… Ⅱ.①陈… Ⅲ.①中学地理课—教学研究 Ⅳ.①G633.552

中国版本图书馆 CIP 数据核字(2016)第 323139 号

地理教学的时间管理研究

著　者/陈　昊

责任编辑/张小琴

出版发行/江苏大学出版社

地　址/江苏省镇江市梦溪园巷 30 号(邮编:212003)

电　话/0511-84446464(传真)

网　址/http://press.ujs.edu.cn

排　版/镇江文苑制版印刷有限责任公司

印　刷/虎彩印艺股份有限公司

开　本/890 mm×1 240 mm　1/32

印　张/5.75

字　数/162 千字

版　次/2016 年 12 月第 1 版　2016 年 12 月第 1 次印刷

书　号/ISBN 978-7-5684-0395-5

定　价/32.00 元

如有印装质量问题请与本社营销部联系(电话:0511-84440882)

前　言

时间就是生命，人的生命是用时间来衡量的。时间是组成生命的基本计算元素，如果你想在有限的生命中取得更多的成功，拥有更多的快乐，那么就必须管理时间。

本书对教师的时间管理和地理教学的时间管理做了详细的阐述。

中学教师是一个特殊的群体，工作时间长，事务性和临时性工作多，因此在经受持久压力体验时，情感、态度和行为的某种情绪衰竭，工作满意度低，这些均造成教师职业倦怠，不能有效地管理时间。为了实现从时间管理到生命管理的飞跃，需加强对中学教师时间管理的研究。本研究主要包含两方面内容：① 中学教师时间管理倾向的现状研究；② 中学教师时间管理倾向的干预研究。研究结果表明：中学教师时间管理存在差异；教师的职业倦怠与时间管理关系密切；通过训练可以提高时间管理倾向。

中学地理是一门研究地球表层自然要素、人文要素及其相互关系的科学，地理学本身具有综合性、地域性、开放性、实践性的特点，同时中学地理兼具社会科学和自然科学的特点，中学地理教师在课堂教学中也往往兼文科教师与理科教师于一身。因此，中学地理学科依然具有地理学本身固有的"综合性"。这种综合性决定了学生应该走出课堂，到社会中去观察、调查，发现生活中的地理、社会中的地理，从而增长知识、增强知识的实用性，也可认识科学技术对社会的正、负作用，促使学生健康成长。这种综合性的特点也给地理课堂教学时间管理带来了新的挑战。

在地理教学时间管理中，提高教学效率的实质是在单位时间内获得最大的教学成效，向 45 分钟要质量。影响课堂教学效益的因素很多，通过对现今课堂教学的深入调查，发现如何对课堂教学时间进行合理而有效的分配与管理已经成为一个不容回避的重要问题，同时也是影响教学质量的关键因素之一。苏联教育家巴班斯基谈到优化教学过程的标准时曾强调，不仅要看教学效果，还要看教师和学习者的时间和精力消耗是否是最优值。课堂教学目标的确定、教学内容的处理、教学方法的选择、教学过程的安排都涉及课堂教学的时间因素。

时间是一种不可储存、不可透支、不可替代的无价的有限资源，采用科学的时间管理策略，可以提升时间的价值。在有限的课堂教学时间里，树立正确的时间观念，遵循学生的身心发展规律和学习特点，有效组织教学行为，可以从整体上提高课堂教学的效率。

中学地理教学时间管理的研究对于学生的学习和成长具有至关重要的作用，它能够提高学生的学习效率、减轻学生的学习压力，对教师工作压力的减轻也大有裨益。

"借来的火，点不亮自己的心灵"。但你把借来的东西，附加自己的努力和付出，在读懂其内涵的同时，赋予自己的理解，便会使其带有你赋予的灵性，形成自己的独特风格。

目　录

第一章 绪 论

　　每个人每天都有 24 小时的时间,人们用它投资来经营自己的生命,但结果却截然不同。一些人直到生命的尽头也无所作为,他们把原因归结为时间太少。事实上,并不是时间太少,而是他们在无形中浪费了太多时间。

　　时间管理是一个概念,更是一种方法,每个人都需要进行时间管理。个体如果没有时间管理的概念尚且可以应付自己的工作。但是作为课堂,它需要的时间管理概念是一个整体,如果这个整体出了问题,那么整个课堂就会处于不健康的状态,因为一节课不是靠教师来运转的,而是要靠师生高效率的配合才能产生最大的效益和价值。但因为时间管理是一个虚拟的概念,很多人对时间管理没有很明确的理解。况且时间管理不仅仅是个人安排一下自己的日程表这么简单,而是有很多需要总结计划调整的环节,教师必须有一个系统的时间管理概念贯穿整节课的教学,因此需要提高时间管理体系的认识,更需要给教师提供一个学习时间管理的手段。

　　我们常说效率第一,无论做什么事,效率都是最重要的。课堂时间的管理是确保教学效率的至关重要因素,也是教师课堂管理的重要内容。教师是课堂教学时间的重要管理者,但在教学实践活动中往往忽视时间管理这一重要因素,存在一些比较突出的问题,即所谓无效的教学行为。无效的教学行为从表面上看不易发现教师在课堂时间管理上存在的问题,而从深层次上分析就可以发现单位教学时间的教学效益是比较低的。

第一节　时间管理概况

关于时间的名言警句很多,如富兰克林的"时间是构成生命的基本材料",鲁迅的"时间就是生命",管理学大师德鲁克的:"不能管理时间,便什么也不能管理"。如何才能对时间进行有效的管理和使用,成为当今管理学和心理学研究的一个重要课题。

有了时间就有了一切可能,既然时间如此重要又是可以进行管理的,那我们就应该学会合理控制时间,有效利用时间,即科学地管理时间,做到工作、学习、娱乐都不误。

对时间管理的研究最早始于企业管理,时间管理的技巧也流传下来。主要包括:决定短期内追寻的目标,怎样将这些目标转化成任务和活动,怎样计划和确定它们在日常事务中的优先顺序,怎样避免在执行任务时因分心而使工作中断。

管理学和组织行为学认为,时间管理可以提高时间的利用率和有效性,对时间进行合理的计划和控制,并有效地安排和运用时间。

时间是一种重要的资源,与人、财、物一样,同属学校教育管理的内容,但目前在教育管理领域,人们还是把绝大部分精力集中到人、财、物等专业管理方面,并没有真正自觉地把时间纳入学校教育管理的总体系中。究其原因,多是源于对时间重要性认识的滞后。因此,面对无限的时间长河中人的有限生命,教育管理要想获得理想的社会效益,就必须树立正确的时间价值观念,关注时间的价值,争分惜秒。

目前,国内外学者对时间管理的研究存在以下局限与不足:研究企业内部时间管理较多,研究教育领域时间管理较少,研究教师时间管理更少,对中学教师时间管理的现状进行的实证研究尤其缺乏;目前在时间管理的理论方面几乎都是研究个体对自己的时间管理,缺少对外控式时间管理的研究。

第二节 时间管理相关概念的研究

一、时间

"时间是什么?""你对时间的了解有多少?"我们知道,每小时有60分钟,每分钟有60秒,但我们体验它的方式却各不相同,感觉时间有时走得快,有时走得慢。随着对生活认识的不断深入,我们获得了对时间价值更敏锐的认识。对一些人来说,确实没有任何其他的东西看上去比时间更重要,但是对于另外一些人来说,时间可以拖延。假如我们很忙,时间就好像在加速,一年比一年过得快,天就像是小时,小时就像是分钟。我们花费在有意义活动上的时间之所以过得更快,原因可能就在于此。因此,时间管理对于忙碌的人来说最具吸引力。

时间有四个显著的特征:① 不变性。时间是一个常数,对任何人来说时间是公正的,我们可以想方设法去筹措资金,物色人才,但对于每天24小时,却不能以租、借、买等方式获得。② 不可存储性。时间不像资金、土地、技术、设备、信息等资源那样可以存储,一旦浪费就无法追回。③ 无可替代性。在自然界中,当某种资源缺少时,可以寻求另一种资源以替代它,而时间则不能。④ 伸缩性。时间就像弹簧,不同的时间段发挥的效力是不一样的。也就是说,我们所占用的时间在数量上是相等的,但在利用时间的效率上是不等的。

时间与金钱都是有限的资源,时间像金钱一样是有价值的,"一寸光阴一寸金,寸金难买寸光阴"。但时间并不是金钱,钱可以通过努力换取,而时间不能被创造。那么,我们应该如何尽力避免浪费时间,并且高效率地利用它呢?

二、时间管理

人们一直在探索利用和管理时间的方法,随着管理学和组织行为学的发展,从最初哲人和伟人著作中的只言片语,到近代企业管理和行政管理的一些专著,再到现代时间管理学的兴起,在管理学和组织行为学中,时间管理越来越多地考虑人的个体因素,而不只是简单地管理时间。

在管理学领域,对时间管理的研究最早始于企业。关于时间管理的概念,潘劲松认为,时间管理就是指在同样的时间消耗下,为提高时间的利用率和有效性而进行一系列的控制工作,是由于每个人在社会中所处的不同地位而赋予自己的一种内向管理素质。周晓阳认为,时间管理是以时间为对象的管理活动;时间管理的对象是时间,但管理者无法选择是否使用时间,只能选择如何使用时间。冯仁德等认为,时间管理是如何面对时间的流动而进行自我管理,其所持的态度是将过去作为现在改善的参考,把未来作为现在努力的方向,好好把握现在,立刻用正确的方法做正确的事。J. W. 李等认为,时间管理就是为了提高时间的利用率和有效性,而对时间进行的计划和控制、有效运用和管理的过程。王德清、陈金凤认为,时间管理是艺术与技术的结合,感性借助于理性而发挥;一部分是被动支配时间,另一部分是主动支配时间。杰克·弗纳认为,时间管理是有效地应用时间这个资源,以便有效地达成个人的重要目标;时间管理本身永远也不应该成为一个目标,而只是一个短期内使用的工具;一旦形成习惯,它就会永远帮助你;一个人之所以成功,时间管理是非常重要的关键因素。何常明、成君亿认为,要把时间管理当成生命管理,在工作、家庭、健康和生命意义四个生活领域中取得平衡。贾玉婷认为,时间管理是指个体为了有效地利用时间资源所进行的计划和控制活动。潘晓云认为,时间管理是指在日常事务中有目标地应用可靠的工作技巧,合理有效地利用可以支配的时间,从而在单位时间内进行更多有效的活动;如果想要成功,就必须把时间管理工作做得更好,要把时间管理好,最重要的就是做好以结果为导向的目标管理。罗斯·杰伊认为,时间管理的核心部分就是合理安排时间,合理安排时间的方法有三种:① 减少工作量;② 做有成效的事;③ 做该做的事;三种办法相结合才有意义,因为时间管理是网状的,是一个整体。克莱门斯·博松认为,时间管理就是有意识地掌管自己的时间。时间管理并没有被缩减为按一定的方法对待时间,是因为心理和健康方面同样有所涉及。

可以看出,国内外学者对时间管理概念的理解可大致分为两类。一类是把时间作为一种资源,把时间管理视为一种技巧和方法,对时间进行合理、有效的应用。只要能找到时间管理的一些原则和方法,就可以合理地利用和安排,有效地控制和驾驭时间,这是科学管理体系中的时间管理。另一类是将时间管理视为整体的生命管理,认为时间管理绝不仅仅是物质技术过程或制度安排,而是和社会文化、人的精神特质、心理健康因素密切相关的,是人本管理体系中的时间管理。

笔者认为,中学教师的时间管理应该被视为整体的生命管理,是一种积极的生命态度,是理性管理和非理性管理的统一,是科学管理和人本管理的融合。

三、时间管理倾向

国内学者黄希庭、张志杰(2001)认为,时间管理是个体在时间价值和意义认识的基础上,在活动和时间关系的监控和评价中所表现出来的心理和行为特征;时间管理倾向是个体对时间的态度、计划和利用等认知特点,也是个体对时间的价值观和行为的倾向,是一种具有多维度、多层次心理结构的人格特征;时间管理具有动力性,在不同人的身上有不同的表现程度、跨情境性和潜在的可测度,他们结合价值观研究、自我监控理论和自我效能感研究,可以得出时间价值感、时间监控观和时间效能感的三维度结构理论。

黄希庭、张志杰(2001)在此理论假设的基础上编制了青少年时间管理倾向量表（Adolescence Time Management Disposition Scale，ATMD），把时间管理倾向划分为时间价值感、时间监控观和时间效能感三个维度。时间价值感指个体对时间的功能和价值的稳定的态度和观念，包括时间对个人的生存与发展，以及对社会的存在与发展的意义的稳定态度和观念。它通常充满情感，从而驱使个体朝着一定的目标而行动，对个体驾驭时间具有动力或导向作用。时间监控观是个体利用和运筹时间的能力和观念，它体现在一系列外显的活动中，例如在计划安排、目标设置、时间分配、结果检查等一系列监控活动中所表现出的能力及主观评估。时间效能感指个体对自己驾驭时间的信念和预期，反映了个体对时间管理的信心及对时间管理行为能力的估计，它是制约时间监控的一个重要的因素。

袁圆（2006）在黄希庭和张志杰编制的青少年时间管理倾向问卷的基础上，为了对员工的时间管理倾向进行研究，编制了适合员工的时间管理倾向问卷，还提出时间管理倾向，即时间管理。他认为，员工的时间管理倾向包括目标设置、时间安排、时间自控、混乱倾向四个维度。

中学教师时间管理的研究，采用了袁圆的时间管理倾向即时间管理的概念。

四、课堂教学时间管理

课堂教学由"课堂"和"教学"两个词构成。课堂是什么，目前尚无较为统一的解释。从社会学视角来看，课堂是一个微型的社会，这是美国著名教育家杜威的观点。从空间的角度看，课堂即教室，是学生进行读、写、算的场所。从环境的角度看，课堂指教学活动所发生的环境。综合起来看，界定课堂的含义须从课堂的构成要素着手，这样才能使课堂的界定尽可能回归到课堂的本真，从而反映出课堂的本来面貌。

从"课堂"本身的构成来看，"课"指的是课程、课业、教或学的任务，"堂"指场所或从事某一活动的空间。由于课业是教师和学生共同的任务,因此可以认为课堂包括教师、学生、课业以及课业进行的时空。在此基础上可以把课堂的基本要素归为三大要素,即人—教师和学生,事—课业,物—物理时空及其布置。

从本源主义角度看教学,它是教师指导和帮助学生学习的活动。这就表明:教学由教和学构成,教是对教师行为的描述,学侧重于对学生行为的描述,因此教学可理解为教师和学生之间所发生的事件的状态。

从本质主义角度看教学,教学可以是特殊认识活动、教师实践活动、学生适应与发展的活动等。

笔者认为,教学是教师教学生认识和实践的活动,其实质是一种特殊交往活动。

可见,课堂是一个组织体,其中有各种活动发生,而教学活动是课堂活动中最重要、最核心的活动。因此,我们可以做出这样的界定:课堂教学是指发生在课堂这一组织体中的教师和学生之间的特殊交往活动。

课堂教学时间管理是课堂教学时间的预设、编组、引导、调控、创生的活动,其涵盖分配时间、狭义教学时间和课堂管理时间三部分的分配管理,具有完整性、层次性、情景性和不可回溯性四个特性。

课堂教学时间管理的概念将随着有效教学研究的不断深入发展完善,其特性也将随着概念的完善、实践的深入逐渐彰显,最终目的在于通过课堂教学时间管理信息的反馈系统,揭示课堂教学活动中对时间管理的不足之处,促进教师对自身的教学风格进行不断调节和改革,以逐渐趋于稳定、系统、完善,达到优化的教学状态。

第三节 国外时间管理的相关研究

针对时间管理的相关问题,国外很多学者都曾做过研究和探讨。美国心理学家 Macan T. H.(1990)用自己编制的时间管理行为量表（Time Management Behavior Scale，简称 TMB）对大学生进行了时间管理行为以及学业成就和焦虑等相关因素的测量，结果发现，时间管理行为量表上的总得分与他们在角色意识模糊、躯体化症状、工作满意度、生活满意度、自我评价和平均学分成绩这六个项目上的成绩分别存在显著的相关关系。时间管理行为量表上的高得分被试更倾向于报告较少的角色意识模糊、较少的躯体症状、高的工作满意度和生活满意度，以及高的自我评价。但是只有在时间效能感这个维度上的得分与焦虑得分存在显著的相关性。Macan T. H. 还发现，在时间管理行为量表上的总得分与性别有显著的相关关系。女性比男性更擅长管理时间，女性比男性表现出更多的计划和安排行为，但在时间效能感上女性和男性并没有显著的差异。Jex 等（1999）的研究表明，时间管理行为可以作为一种调节变量来缓解压力源和工作紧张之间的关系。通过时间管理行为所形成的时间控制感，也就是个体通过自己诸如计划、安排、设定优先级等一系列时间管理行为的执行所形成的对时间控制的自信心，能够缓解压力源和工作紧张的关系，说明时间管理行为是一种减缓压力的应对方式。Britton K. B. 等人（1991）研究了时间管理实践对大学生的影响，结果发现，时间管理态度和技巧与大学生的平均学分成绩存在正向的相关关系，时间管理实践可能影响大学生的学业成就，这进一步验证了时间管理与大学生学业成就的相关关系。William（2003）的研究发现，不是时间管理行为，而是通过时间管理行为所形成的时间控制感以及在时间运用上的目的、定向和持久性的主观感受，可以降低工作压力、担忧，提高满意度。Hall Hursch（1982）对学生的培训研究证明，时间管理技巧是可以通过培训掌握的。Green Skimler（2005）对在职人员进行的研究也证实了时间管理技巧是可能通过培训而提高的。

国外学者对教师时间管理的研究还很少，对中学教师时间管理的研究就更少了。但他们往往在某些研究中提到时间的因素，如特伦德尔（Trendall，1989）研究发现，在教师列出的 20 项压力源中，缺乏时间被排在第一位，教师工作负担过重造成的压力大于由角色冲突造成的压力。库泊（Cooper，1998）的研究认为，时间压力及工作担子重、应付变革是教师压力的主要来源之一。基里亚克（Kyriacou，1989）通过研究总结出，时间紧迫感是教师六种重要的压力来源之一。在教师职业压力的研究中，学者们一致认为时间是很重要的因素。

总的来说，国外关于时间管理的研究表明，时间管理在工作、学习和生活中都很重要。好的时间管理有利于个人取得更大的成就，有利于缓解消极情绪，有利于消除职业倦怠，促进个人的心理健康状态，时间管理技巧可以通过培训得到提高。

第四节 国内时间管理的相关研究

自从黄希庭、张志杰（2001）发表了《论个人的时间管理倾向》一文，并编制了青少年时间管理量表后，时间管理倾向就被越来越多的学者所关注，研究对象从学生到员工再到教师，已涉及各种人群，除探讨时间管理倾向现状外，还引入了大量的前提变量和结果变量，以明确时间管理倾向的形成机制和作用机制。

一、时间管理倾向与性别

黎兵（2004）、黄伟伟（2006）、袁圆（2006）、张丽娟、鲁忠义（2006）的研究一致认为，成人和大学生时间管理倾向总分及各维度上的得分性别差异显著。秦启文（2002）的研究表明，成人的时间管理倾向各维度没有显著的性别差异。何伟强（2004）、陈以洁（2004）、张甜等（2006）、李玲等（2007）、邓凌（2005）、艾平（2006）、刘玲玲（2006）、范翠英（2006）、徐锋（2005）的研究表明，大中学生时间管理无性别差异。栾国霞（2006）的研究认为，时间价值、时间监控、时间效能三个维度上男生的分数高于女生，但差异较小。

因此时间管理倾向总分及各维度的得分在性别上差异是否显著没有统一的结论。时间管理倾向的性别差异还需进一步研究来检验。

二、时间管理倾向与文化层次

陈以洁(2004)研究认为,不同层次高校学生的时间管理倾向没有显著差异。秦启文(2002)、陆林(2006)认为,成人的时间管理倾向的文化差异显著;在时间价值感、时间监控观和总分上,大专文化以上的人显著高于大专文化以下的人,管理人员的受教育水平影响时间监控观和时间效能感的高低。李如良(2006)的研究认为,中专学生的时间管理倾向优于普通高中学生。宋倩(2006)的研究表明,时间管理倾向在同一层次学生内部存在显著差异,不同起点的高职生的时间管理倾向差异显著,不同起点与性别之间交互作用显著,初中起点高职男生的时间管理能力高于女生,高中起点高职女生的时间管理能力显著高于男生。因此,关于不同文化层次被试时间管理倾向差异的研究结果没有统一定论。

综上所述,时间管理倾向在组织变量和人口统计学变量(如性别、文化层次和受教育水平等)上的研究结果还不完全一致,说明时间管理倾向还有很大的研究空间。

三、时间管理倾向与心理健康

邓凌(2005)的研究证明,时间管理倾向与抑郁显著负相关,个体时间管理倾向对抑郁有一定的预测作用,时间管理倾向在大学生主观时间压力与抑郁关系中具有调节作用。孙圣涛(2006)的研究表明,时间管理倾向与抑郁显著负相关。任泽港(2006)的研究认为,大学生时间管理倾向与焦虑呈显著负相关;时间效能感对焦虑有直接的预测作用,时间价值感和时间监控观对焦虑有间接效应。王丽平(2007)的研究表明,企业员工时间管理倾向与躯体化、强迫症状、人际关系敏感、抑郁、敌对、恐怖、偏执、精神病性等因子高度负相关。秦启文(2002)的研究认为,时间管理倾向与心理健康中的躯体化、焦虑和抑郁三个因子有显著的负相关。牟丽霞(2005)的研究表明,时间管理倾向总分与人际关系敏感、敌对、偏执、精神病性因子显著负相关,时间监控与心理健康的 9 个因子存在显著负相关;时间管理倾向总分、时间监控观和时间效能感对心理健康回归效应显著,时间管理倾向对心理健康水平具有预测功能。刘玲玲(2006)的研究表明,高低时间管理倾向者在心理健康的所有因子及总症状上存在显著差异,高时间管理倾向者的阳性检出率为 12.9%,低时间管理倾向者的阳性检出率为 28.1%;在时间价值感和时间效能感两个维度及总分上,健康组与问题组均存在显著差异;时间管理倾向总分、时间监控观和时间效能感对心理健康回归效应显著,时间管理倾向对心理健康水平具有预测功能。

因此,时间管理倾向与心理健康相关变量的关系研究证实:时间管理倾向与症状因子显著负相关,时间管理倾向对心理健康具有良好的预测作用。

四、时间管理倾向与成就动机

在对大学生、自考生、中学优生的研究中,钟慧(2003)、任泽港(2006)、李海青(2007)、陈本友(2006)等的研究表明,时间管理倾向可能是影响成就动机的一个重要因素,时间管理倾向各维度对追求成就动机存在显著正相关,与避免失败动机存在显著负相关,时间管理倾向对成就动机有显著的预测作用;时间价值感可能是通过时间监控观和时间效能感来影响成就动机。陈本友(2007)也认为成就动机与时间管理倾向存在显著相关关系。张丽娟、鲁忠义(2006)的研究认为,成绩趋近、掌握趋近和掌握回避与时间价值感显著正相关,成绩和掌握两个趋近目标与时间效能感显著正相关,成绩回避目标与时间效能感显著负相关,掌握趋近目标与时间监控感显著正相关。

因此,成就动机与时间管理倾向存在显著相关关系。

五、时间管理倾向与自我价值感

陈本友(2007)认为,时间管理倾向各维度与自我价值感各维度存在显著正相关,自我价值感以成就动机为中介变量间接影响时间管理倾向。张锋(2005)认为,时间管理倾向各维度与自我价值感各维度存在显著正相关,自我价值感是心理控制源和 A 型人格影响时间管理倾向的中介变量,时间管理倾向对自我价值感具有良好的预测作用,自我价值感对时间的管理倾向回归效应显著。程科(2005)的研究认为,时间管理倾向各维度与自我价值感各维度存在显著正相关,自我价值感对时间管理倾向回归效应显著。周鸿(2006)认为,时间管理倾向各维度与自我价值感各维度存在显著正相关,时间效能感的增强有助于自我价值感的提高。陈煦海(2007)的研究发现,时间管理倾向各维度与自我价值感各维度存在显著正相关;黄希庭等(2004)的研究结果表明,时间监控观与总体自我价值感和一般自我价值感显著相关,时间监控观与社会取向的家庭自我价值感、时间管理倾向的三个维度与个体自我价值感存在显著相关性,自我价值感对时间管理倾向具有间接影响和中介作用,多重回归分析发现,时间监控观对总体自我价值感和一般自我价值感具有直接的预测作用。张志杰等(2001)研究发现,时间管理倾向各维度与自我价值感各维度存在显著正相关;随着自我价值感抽象程度的降低,时间管理倾向对自我价值感的影响程度增大。

因此,时间管理倾向与自我价值感的关系密切。

六、时间管理倾向与主观幸福感

袁圆(2006)、李儒林(2006)、张志杰(2001)、范翠英(2006)等研究发现,时间管理倾向与总体主观幸福感、生活满意度和积极情感显著正相关,与消极情感显著负相关,时间管理倾向对主观幸福感具有显著的预测效应。李儒林进行多元回归分析时发现,时间管理倾向各维度对总体幸福感回归效应显著,时间价值感和时间效能感对生活满意度和积极情感回归效应显著,时间效能感对消极情感回归效应显著。范翠英还认为,时间监控观和时间效能感能显著地正向预测大学生的主观幸福感,时间效能感还能显著地正向预测大学生的积极情感和情感平衡,时间效能感也能负向预测消极情感。

因此,时间管理倾向与主观幸福感关系密切。

七、时间管理倾向与工作——家庭冲突、工作满意度

目前对时间管理倾向和工作变量关系的研究很少,艾平(2006)认为,管理者的时间管理倾向和工作满意度呈负相关,时间管理倾向得分越高,工作满意度越低。袁圆(2006)研究表明,时间管理倾向对工作家庭冲突起着正向的预测作用,时间管理倾向得分越高,工作满意度越低。江燕(2007)研究发现,时间效能感在工作-家庭冲突对主观幸福感的作用中能起到明显的缓冲效应,时间管理倾向得分越高,工作满意度越高。

因此,时间管理倾向与工作-家庭、工作满意度之间的关系还没有定论。

八、时间管理倾向的对策研究

丁红燕(2006)对大学生的研究表明,时间管理倾向团体辅导能够提高团体成员的时间管理倾向、学习满意度、学业自我效能感;规范的团体辅导效果优于非规范的团体辅导;无指导的情况下学习《时间管理手册》对学习者提高时间管理倾向、学习满意度、学业自我效能感没有显著效果。

胡郅虹(2007)在对学校时间管理支持系统的相关研究认为,实体环境、虚拟环境、制度环境和人文环境是影响中学教师时间管理的关键因素,构建了学校时间管理支持系统。主要有四个方面的内容:一是创设满足身心需求的工作环境;二是创建知识共享的网络技术环境;三是改变组织结构,提高时间利用率,使纵向组织结构扁平化,横向组织结构网络化;四是愿景塑造,目标达成,强调愿景的强大驱动力、前瞻性的教育理念、和谐的校园人际关系、生命管理中的时间管理。

可见,运用团体心理辅导干预个体的时间管理倾向效果较好,

值得推广。加强时间管理中的人本管理,达到生命管理中的时间管理意义重大。

从现有资料来看,国内关于教师时间管理的研究也很少,关于中学教师时间管理的研究就更少了。对于在某些研究如在教师职业压力的研究中提到时间的因素,学者们一致认为时间是很重要的因素。

徐长江(1998)在教师职业压力来源中的调查研究发现,缺少从事个人兴趣和爱好的时间排在前十位。陈玉梅(2004)调查指出,工作时间长带来的工作超负荷是造成初中教师职业压力的来源之一。王蔚(2003)认为,教师感到疲惫不堪与教师不能很好地利用时间,不会统筹安排时间有很大关系。曾玲娟(2004)认为,初中教师普遍处于超负荷运转中,即使有很好的时间管理技巧,教师仍有大量的事情不能及时处理,中考的压力与教师的职业责任感迫使教师在工作中投入更多的时间和精力。

因此,关于中学教师时间管理干预研究还没有形成比较完整的体系,中学教师时间管理的研究相对比较薄弱,有待进一步完善。

第五节　时间管理研究的意义及创新

时间是最珍贵的资源,除非能有效地管理它,否则逝去了就无法挽回。管理中的计划、组织、指挥、控制和协调等方法和手段,如果不是通过高品质的时间管理过程去达成,或者没有得到合理的时间分配和执行,那么这些方法和手段都将成为空想或纸上谈兵。时间管理对卓有成效的管理者而言,是至关重要的一种管理能力,是一种实践,有效时间管理不是一种天赋,而是一种习惯,需要后天学习养成。

一、研究意义

本研究针对教育这一特殊的领域以及中学教师这一特殊的群体,来探讨时间管理现状及采取的对策措施,具有重要的理论意义和现实意义。

1. 理论意义

完善教师心理卫生理论和时间管理理论应从教师职业心理问题入手,把教师的心理发展规律放在具体的教育管理中来探讨,同时在开展教师心理卫生工作方面提出了一些建设性想法。

国内时间管理的研究主要集中在时间管理倾向的相关研究,而时间管理的干预研究很少,本书将进一步完善时间管理理论,为教育管理者提供完整的时间管理思路。

2. 现实意义

本书将视野聚集于中学教师,从教师自身角度对中学教师时间管理进行研究,为中学教师科学、健康地分配和利用时间提出建议,从而能高效地利用时间,实现管理生命的意义。从教育管理的角度对中学教师时间管理进行研究,把握管理领域在指导教师时间管理方面的现状,以及如何促使中学教师工作时间分配更加合理,减少不必要的浪费,在有限的时间内追求最佳效益,具有很重要的实践意义。

二、研究的创新

1. 研究对象创新

目前对中学教师时间管理的研究还不多,本研究拟对此特殊群体进行具体而深入的研究,探寻中学教师在时间管理上的特点。

2. 干预研究方案创新

从管理学和心理学两个角度寻求干预研究的最佳方案,从心理学的角度解决管理学的问题,使时间管理向心理学领域拓展。通过实践的改善和改良,找出提高中学教师有效进行时间管理的措施。

第六节　时间管理在地理教学中的地位和作用

课堂时间管理就是对课堂教学中单位时间的管理,包括时间的分配、时间的利用等,其本质是教师对教学时间的管理。早在 20 世纪初,西方学者就提出了课堂中教学时间的问题,并把时间作为影响课堂教学成效的重要变量,而对教学时间进行科学的探究则起始于卡罗尔(J. B. Carrol),他在1963年发表的《学校学习的一种模式》成为研究教学时间的里程碑。该文中,他提出了完整的教学时间模型框架,也奠定了其后40多年的有关教学时间研究的基调。课堂时间管理的提出,是要解决教学的有效性问题,即如何在一定的教学时间内促使学生高质量地完成学习任务。卡罗尔认为,就某一特定学习任务而言,学生的学习程度是其实际用于学习任务的"实用时间"与掌握该任务规定内容的"所需时间"之比的函数。"实用时间"取决于分配给学习任务的时间与学生乐意学习的时间,"所需时间"取决于能力倾向、理解教学能力及教学质量。因此,在既定的课堂教学时间内,学生的学习成效不仅受到教师教学水平和质量的影响,也受到学生自身学习兴趣和能力的影响。从已有的研究来看,研究者们都十分重视学生专注于学习并努力完成具有一定难度的学习任务的时间,认为这是学生集中注意力进行认知建构的重要时间段,布卢姆称之为"用功时间",卡罗尔称之为"学科学习时间"。课堂教学时间管理的关键在于教师对学生"学科学习时间"的把握和利用,也就是说,教师怎样依据学生的个人能力倾向,结合教学内容,将学习任务的重点和难点置于学生的"学科学习时间",以提高学生学习的功效,而仅仅通过增加学生的学习时间量是无法真正提高其学习效率的,恰恰相反,这可能导致学生学习疲倦、注意力分散、兴趣下降等,从而降低其学习成效。当然,课堂教学时间并非也不可能都是学生的"学科学习时间",还包括组织教学时间、常规教学事务安排时间、课堂秩序维持时间等。所以,课堂时间管理应该针对教学过程中的所有时间,而不仅仅是学生的"学科学习时间"。

地理学科是中学课程中唯一的以人类赖以生存的地理环境、人类与地理环境的关系,以及人类的可持续发展为基本内容的学科。通过地理课程的学习,学生可以了解和认识我们生活的世界,懂得地理环境的形成与发展,理解人类与地理环境的依存关系,形成正确的人口观、资源观、环境观和可持续发展观,关心并谋求人类的可持续发展,成为活跃的、有能力的、负责任的公民。

现代地理学揭示空间分布规律,把空间和过程研究结合起来,改变了传统地理学脱离过程、满足于静态研究的方式。例如,对位置的研究从传统对位置的描述,到现在的区位因素的研究和分析,探索地表事物之间的规律性的空间关系,并以此来为人类活动有关的地面设施提出适当的安排;传统地理学只注重揭示分布现状和地域差异,现代地理学强调对分布规律与分布模式的研究,为生产布局服务;传统地理学所研究的人地关系注重自然对人的影响,现代地理学也强调人类对自然环境的利用而产生的影响。总之,地理学的研究内容由过去重描述和解释、强调区域个性、把注意力局限于形态一致的区域,向注重区内各部分存在着功能联系的区域方向发展,并且面向实践和预测未来,分析、预测地理环境和人地关系演化规律。人类要预测自己赖以生存的地理环境的发展变化,掌握自己的命运,这个任务对地理学来说任重道远,但却是学科生命力的核心体现。因此,对地理课堂教学提出了崭新的要求。

学习地理不能靠死记硬背。教师要理解和把握地理学的基本特点,抓住反映地理空间分布规律、地理要素相互作用、人地相互作用的基本概念和基本原理,使教学内容不缺乏自然科学理性进而丢失学科思维价值。教学内容不能局限于具体地理知识和事实的罗列与描述上,要将其概括提升到地理观念,才会使教学不缺乏哲学理性和理论高度。教师不能缺乏对反映"物理"和"事理"的地理空间思维方法价值的理解和认识,不能忽视地理读图基本技能的训练,不能忽略对学生地理学习过程和地理学科方法的训练。要讲清"物理"和"事理",通"人理",让学生感受到学科的知识价值和思维魅力,引起情感共鸣,激发学习兴趣。地理课程改革也正是针对这些问题进行的教学内容和教学方式等的改革,其中提倡的新课程理念从不同方面体现了地理学科本质的要求。

如在中学地理教学中,运用地图、地理图像图表培养学生的空间思维能力,主要体现在三个层次的转变:一是从地理事实性知识的记忆到空间概念的建立。通过地理图像，学生不是把图像上呈现的地理知识如地名、物产及各种地理事象进行解析和简单记忆，而重点在于分析地理事象之间的相对空间关系、空间分布特征，建立空间概念。二是从提取地理信息到地理规律的分析。从地理图像上不仅要提取地理信息，更重要的是把提取地理信息的读图技能上升到分析地理要素之间的相互关系和地理事物之间的因果关系，以及地理事物的空间分布规律。例如，提取亚洲地区的地理位置、地形、河流等各个地理信息，重要的是分析地形和河流等之间的相互关系，以及地理位置对气候、经济发展的意义等。三是地理信息的采集到地理图像的设计。这是地理学习能力的最高层次，是运用所学知识和方法解决实际问题、服务于生产活动的转变。如学生根据一个区域的基本地理概况和特征，从区位、地形、气候、资源分布、人口分布及社会经济基础等各项因素进行综合分析和评估，制订出这个区域的经济发展规划图和生产布局图。

针对以上分析，在地理教学中要理解"三维目标"的内涵及其中知识技能、过程方法，以及与能力、情感态度价值观之间的内在关系，不能把三者割裂开来，或厚此薄彼。教学过程要追求多样化。课堂上要追求探究、小组合作学习等学习方式，追求多媒体资料的丰富性和课堂活动的形式。教学内容处理和把握上要面对多种版本教材，丰富地理信息和资料，学会如何选取和处理，不能堆砌事实资料，舍本逐末丢掉反映地理学科特性的内容，导致没有"地理味儿"的课堂教学。

地理课堂教学时间管理的目的就是将时间投入与目标相关的工作，达到"三效"，即效果、效率、效益。效果，是确定的期待结果，即对教学活动结果与教学预期目标吻合程度的评价。效率，是用最小的代价或花费所获得的结果，是对投入的教学资源与教学获得的收益之间量化关系的评价，可用以下公式进行计算：

$$教学效率 = 教学产出（效果）/教学投入 \times 100\%$$

因为时间是最重要的教学投资，所以也可以用公式

$$教学效益 = 有效教学时间/实际教学时间 \times 100\%$$

来计算。效益,是用最小的代价或花费,获得最佳的期待结果。投入少,产出多,指教学目标与特定的社会及个人的教育需求是否吻合,以及吻合程度的评价。"是否吻合"是对教学效能质的规定,"吻合程度"是对教学效益量的把握。我们的课堂中,时间是既定的,在这个时间内要研究如何提高效率,不必自设框子,用最少的时间圆满完成任务达到教学目标就是高效。

因此,根据地理学科的特点,在地理教学中,时间管理就显得特别重要。时间管理对于学生的学习和成长具有至关重要的作用,它能够提高学生的学习效率、减轻学生的学习压力,对教师工作压力的减轻也大有裨益。教师通过课堂教学时间管理,发现课堂教学时间管理中所存在的问题,探究摸索如何更加有效地进行课堂教学时间管理并归纳总结出相关策略,从而在课堂教学中对时间管理进行有效预设,使学生在新型教学模式下能够因有效课堂教学时间管理的作用发挥潜力、创新思想、合理安排时间、珍惜时间,并最终提高学习成绩。

第二章 中学教师时间管理现状及研究

时间管理理论在各领域中都受到了高度的重视,在教育领域中,除了教育管理者外,教师的时间管理也受到了不同程度的关注。一是教师要能科学地安排时间,二是教师要能有效地利用时间。

第一节 中学教师时间管理现状研究

一、研究目的与假设

1. 研究目的

通过中学教师时间管理现状调查研究,深入了解中学教师在时间管理倾向中的目标设置、时间安排、时间自控、混乱倾向等方面的特征,找出影响时间管理的因素及如何影响教师进行有效的时间管理。

2. 研究假设

假设1:中学教师时间管理水平有差异。

假设2:不同层次学校的教师时间管理倾向有差异。

假设3:教师职业倦怠与时间管理存在相关关系。

二、研究对象与方法

1. 研究对象

本研究采取分层随机抽样的方法,分别对一个市的四星级中学、三星级中学及农村初中的各学科教师进行问卷调查,问卷共计发放600份,收回550份,回收率为91.67%。其中有效问卷为427份,有效问卷回收率为77.64%。本研究有效样本共427人,样本的基本资料依其性别、年龄、受教育程度、所教课程、是否兼任行政职务和班主任等进行分类,分类情形如表2-1所示。

表2-1　被试基本资料分布表

背景变量	基本资料	人数	百分比/%
性别	男性	236	55.3
	女性	191	44.7
年龄	30 岁以下	177	41.5
	31～35 岁	130	30.4
	36～40 岁	51	11.9
	41～45 岁	49	11.5
	46～50 岁	20	4.7
教龄	2 年以下	44	10.3
	3～5 年	56	13.1
	6～10 年	175	41.0
	11～15 年	55	12.9
	16～20 年	53	12.4
	21 年以上	44	10.3
婚姻	未婚	70	16.4
	已婚	357	83.6
学历	大专以下	15	3.5
	本科	397	93.0
	硕士研究生	15	3.5
职称	无	2	0.5
	中学三级	45	10.5
	中学二级	146	34.2
	中学一级	161	37.7
	中学高级	73	17.1
行政工作	不担任	382	89.5
	担任	45	10.5
班主任	不担任	261	61.1
	担任	166	38.9
月平均收入	1 500 元以下	34	7.9
	1 501～2 000 元	140	32.8

续表

背景变量	基本资料	人数	百分比/%
月平均收入	2 001~2 500 元	145	34.0
	2 501~3 000 元	56	13.1
	3 001~3 500 元	44	10.3
	3 501 元以上	8	1.9
所获荣誉级别	无	29	6.8
	校级	60	14.1
	县级	164	38.4
	市级	88	20.6
	省级	68	15.9
	国家级	18	4.2
课题级别	无	192	45.0
	校级	71	16.6
	县级	90	21.1
	市级	57	13.3
	省级	16	3.8
	国家级	1	0.2
所教学科	主科(语数外)	252	59.0
	副科	175	41.0
所教班级	毕业班	156	36.5
	非毕业班	271	63.5
学校级别	农村初中	177	41.5
	三星级中学	93	21.7
	四星级中学	157	36.8

2. 研究工具

（1）员工时间管理倾向问卷

本研究采用袁圆（2006）编制的员工时间管理倾向问卷。袁圆在黄希庭等人编制的青少年时间管理倾向量表的基础上进行了修订，问卷采用 5 点记分法，共 4 个维度 17 个项目。4 个维度分别为目标设置、时间安排、时间自控、混乱倾向，其中，目标设置维度5 个项目，时间安排 5 个项目，时间自控 4 个项目，混乱倾向 3 个项目。4个维度的Cronbachɑ系数分别为0.784,0.719,0.610,0.532。问卷中的目标设置、时间安排两个维度的Cronbachɑ系数均高于Macan和Shahan所编制的时间管理行为问卷(Time Management Behavior Scale,简称TMB)。时间自控、混乱倾向和TMB量表基本一致,说明此问卷的信度可以接受。从因素分析的结果来看,修订后的时间问卷与TMB的因素结构一致,表明该问卷具有较好的构想效度。目标设置、时间安排、时间自控三个维度正向计分,而混乱倾向维度则反向计分。本研究中的时间管理倾向总分为混乱倾向反向计分后四个维度得分的总和。

(2)教师职业倦怠问卷

本研究采用的是Maslach编著的教师职业倦怠量表(MBI-ES),台湾学者依据中国的语言习惯做了相应修订。已有研究表明,MBI的信度与效度具有跨文化的一致性。MBI问卷有3个维度共22个项目:① 情绪衰竭(EE)9个项目,主要评定工作压力过大引起的情绪反应;② 非人性化(DP)5个项目,主要是指对学生的态度及评估;③ 低个人成就感(PA)8个项目,主要是对自己工作的看法。问卷采用4点计分法,分别以"从未如此""很少如此""有时如此""经常如此"计1,2,3,4分。各维度得分为本维度所有项目的平均分,得分越高说明倦怠程度越严重。

本问卷情绪衰竭、非人性化、低个人成就感因子的Cronbachɑ系数分别为0.872,0.645,0.726,问卷的结构效度用三个维度间的相关指标予以说明。情绪衰竭与非人性化的相关系数为0.521,情绪衰竭与低个人成就感的相关系数为0.421,非人性化与低个人成就感的相关系数为0.539,说明数据支持问卷的维度构建具有较好的信度和效度。

3. 研究程序

以学校为单位进行施测,由主试讲解指导语,在教师完全理解答题要求后,在问卷答题纸上作答,所有问题一次完成。所有数据先在Excel中输入,并计算出时间管理倾向量表总分及各子维度的得分后再导入SPSS17.0统计软件进行处理。具体分析包括独立样本——t 检验、单因素多变量统计分析、相关性分析。

4．研究方法

本研究采用问卷调查法，问卷来源于某市四星级中学、三星级中学及农村初中的各学科教师。

三、研究结果

1．中学教师时间管理的总体特征

中学教师时间管理的总体特征见表 2-2。

表 2-2　中学教师时间管理的总体特征

	M	SD
时间管理总分	61.26	11.18
目标设置	16.64	4.43
时间安排	18.51	4.06
时间自控	15.26	3.23
混乱倾向	10.83	2.59

将本调查结果与袁圆（2006）对武汉市私企员工、外企员工、高校教师组成的 432 个被试进行调查的结果进行了比较。具体结果见表 2-3。

表 2-3　企业员工与中学教师时间管理倾向的比较

	企业员工组 $M \pm SD$	教师组 $M \pm SD$
目标设置	16.47 ± 4.07	16.64 ± 4.43
时间安排	17.76 ± 3.55	18.51 ± 4.06
时间自控	12.55 ± 2.32	15.26 ± 3.23
混乱倾向	9.58 ± 1.78	10.83 ± 2.59

由表 2-3 可知，在目标设置、时间安排、时间自控、混乱倾向 4 个维度上，本调查的得分均高于武汉市私企员工、外企员工、高校教师

组成的被试得分,因为混乱倾向是反向计分,所以混乱倾向得分稍低于武汉市私企员工、外企员工、高校教师组成的被试得分,总的来说,中学教师的时间管理倾向状况优于以武汉市私企员工、外企员工、高校教师组成的被试得分。

2. 中学教师时间管理在不同变量上的特点

中学教师时间管理倾向的性别差异见表2-4。

表2-4　中学教师时间管理倾向的性别差异

	$M \pm SD$		t	p
	男	女		
时间管理总分	60.25 ± 11.48	62.45 ± 10.75	-1.996	$0.047(<0.05)$
目标设置	16.42 ± 4.58	16.88 ± 4.26	-1.050	$0.294(>0.05)$
时间安排	18.37 ± 4.17	18.67 ± 3.95	-0.746	$0.456(>0.05)$
时间自控	15.01 ± 3.37	15.58 ± 3.04	-1.803	$0.072(>0.05)$
混乱倾向	10.43 ± 2.74	11.29 ± 2.32	-3.466	$0.001(<0.01)$

男女性别在时间管理总分上,男教师得分为 60.25,女教师得分为 62.45($t=-1.996$,$p<0.05$),稍有差异。在目标设置、时间安排、时间自控各维度上得分差别不大,在混乱倾向上,男教师得分为 10.43,女教师得分为 11.29($t=-3.466$,$p<0.01$),差异显著。

中学教师时间管理倾向的年龄差异见表2-5。

表2-5中数据显示,时间管理总分、目标设置、时间安排、时间自控、混乱倾向的 p 值均大于 0.05,所以,中学教师时间管理在年龄上不存在显著差异。

中学教师时间管理倾向的教龄差异见表2-6。

表 2-5 中学教师时间管理倾向的年龄差异

	M±SD					F	p
	30 岁以下	31~35 岁	36~40 岁	41~45 岁	46~50 岁		
时间管理总分	62.27±10.34	60.95±11.61	58.63±13.94	61.46±10.91	60.47±7.96	1.072	0.370
目标设置	16.97±4.09	16.39±4.45	15.83±5.10	16.63±4.95	17.53±4.33	0.917	0.454
时间安排	18.69±3.89	18.38±4.09	17.98±4.76	18.89±4.40	18.37±2.83	0.420	0.794
时间自控	15.51±3.02	15.36±3.41	14.33±3.93	15.43±2.99	14.47±2.06	1.587	0.177
混乱倾向	11.12±2.43	10.81±2.60	10.48±3.07	10.50±2.63	10.11±2.49	1.305	0.267

表 2-6 中学教师时间管理倾向的教龄差异

	M±SD						F	p
	2 年以下	3~5 年	6~10 年	11~15 年	16~20 年	21 年以上		
时间管理总分	61.25±9.76	61.47±10.4	61.24±11.12	62.30±13.28	62.47±12.49	58.29±9.20	0.786	0.560
目标设置	16.39±3.74	16.96±4.45	16.42±4.25	17.31±4.88	17.00±4.88	16.12±4.83	0.584	0.712
时间安排	18.39±3.85	18.42±3.84	18.42±4.00	18.96±4.65	19.39±4.37	17.56±3.65	1.066	0.379
时间自控	15.36±3.30	14.95±3.01	15.40±3.26	15.63±3.53	15.12±3.59	14.76±2.53	0.532	0.752
混乱倾向	11.11±2.13	11.15±2.58	10.99±2.54	10.39±3.05	10.98±2.46	9.85±2.72	1.922	0.090

表 2-6 中数据显示,中学教师时间管理倾向的时间管理总分、目标设置、时间安排、时间自控、混乱倾向在教龄上的 p 值均大于0.05,所以,中学教师时间管理在教龄上不存在显著差异。

中学教师时间管理倾向的婚姻状况差异见表 2-7。

表 2-7　中学教师时间管理倾向的婚姻状况差异

	$M \pm SD$		t	p
	未婚	已婚		
时间管理总分	61.17 ± 10.30	61.28 ± 11.37	-0.072	0.943
目标设置	16.67 ± 4.17	16.63 ± 4.49	0.048	0.962
时间安排	18.21 ± 3.62	18.59 ± 4.15	-0.672	0.502
时间自控	15.09 ± 3.08	15.31 ± 3.27	-0.514	0.608
混乱倾向	11.20 ± 2.24	10.76 ± 2.66	1.304	0.193

由表 2-7 可知,时间管理总分、目标设置、时间安排、时间自控、混乱倾向的 p 值均大于 0.05,所以不存在显著差异,说明婚姻对时间管理无影响。

中学教师时间管理倾向的学历差异见表 2-8。

表 2-8　中学教师时间管理倾向的学历差异

	$M \pm SD$			F	p
	大专以下 （含大专）	本科	硕士研究生		
时间管理总分	55.57 ± 7.58	61.61 ± 11.25	57.80 ± 11.61	2.722	0.067
目标设置	16.36 ± 3.05	16.64 ± 4.45	16.73 ± 5.31	0.031	0.969
时间安排	16.57 ± 3.03	18.65 ± 4.02	17.27 ± 5.34	2.539	0.080
时间自控	13.21 ± 2.36	15.37 ± 3.23	14.67 ± 3.77	3.284	0.038
混乱倾向	9.43 ± 1.65	10.95 ± 2.57	9.13 ± 3.07	5.791	0.003

由表 2-8 可以看出,在时间管理总分上,本科比大专以下、硕士研究生学历的教师高,但 $p > 0.05$,不存在显著差异。在目标设置和时间安排维度上,$p > 0.05$,也不存在显著差异。在时间自控和混乱

倾向维度上,本科高于大专以下和硕士研究生,$p < 0.05$,差异显著。总的来说,本科的时间管理优于大专以下和硕士研究生。在此基础上进行多重分析,结果见表2-9。

表2-9　学历差异多重分析

		大专以下(含大专)	本科	硕士研究生
时间管理总分	大专以下(含大专)	I		
	本科	6.035①	I	
	硕士研究生	3.229	−3.807	
目标设置	大专以下(含大专)	I		
	本科	0.281	I	
	硕士研究生	0.376	0.095	I
时间安排	大专以下(含大专)	I		
	本科	2.080	I	
	硕士研究生	0.695	−1.384	I
时间自控	大专以下(含大专)	I		
	本科	2.153①	I	
	硕士研究生	1.452	−0.701	I
混乱倾向	大专以下(含大专)	I		
	本科	1.522①	I	
	硕士研究生	−0.295	−1.817	I

注:① 均值差的显著性水平为0.05。

由表2-9可知,在时间管理总分上,大专以下和本科之间的 $p = 0.048$,稍有差异,在时间自控维度上,大专以下和本科的 $p = 0.015$ (< 0.05),有差异,在混乱倾向维度上,大专以下和本科的 $p = 0.030$ (< 0.05)、本科和硕士研究生的 $p = 0.007$(< 0.01),所以大专和本科之间有差异,本科和硕士研究生之间差异显著。

中学教师时间管理倾向的职称差异见表2-10。

表 2-10 中学教师时间管理倾向的职称差异

	$M \pm SD$				F	p
	无	中学二级	中学一级	中学高级		
时间管理总分	62.42±8.44	62.38±11.02	60.92±12.13	59.01±10.82	1.604	0.188
目标设置	17.02±3.52	16.84±4.29	16.89±4.51	15.36±4.95	2.303	0.077
时间安排	18.78±3.34	18.63±3.97	18.54±4.34	18.13±4.07	0.306	0.821
时间自控	15.38±2.57	15.55±3.31	15.11±3.44	14.99±3.07	0.683	0.563
混乱倾向	11.24±2.01	11.35±2.20	10.38±2.91	10.54±2.73	4.282	0.005

由表 2-10 可知,时间管理总分和目标设置、时间安排、时间自控三个维度上的 p 值均大于 0.05,所以不存在差异,但职称在混乱倾向维度上差异比较显著,$p = 0.005(<0.01)$。

在此基础上进行多重分析,结果见表 2-11。

表 2-11 职称差异多重分析

		无	中学二级	中学一级	中学高级
时间管理总分	无	I			
	中学二级	−0.046	I		
	中学一级	−1.498	−1.452	I	
	中学高级	−3.408	−3.361	−1.910	I
目标设置	无	I			
	中学二级	−0.185	I		
	中学一级	−0.130	0.056	I	
	中学高级	−1.660	−1.475[①]	−1.530[①]	I
时间安排	无	I			
	中学二级	−0.147	I		
	中学一级	−0.233	−0.087	I	
	中学高级	−0.647	−0.501	−0.414	I

续表

		无	中学二级	中学一级	中学高级
时间自控	无	I			
	中学二级	0.175	I		
	中学一级	−0.270	−0.446	I	
	中学高级	−0.392	−0.568	−0.122	I
混乱倾向	无	I			
	中学二级	0.110	I		
	中学一级	−0.865	−0.975[①]	I	
	中学高级	−0.708	−0.818	0.156	I

注①：均值差的显著性水平为 0.05。

在目标设置维度上，中学二级和中学高级、中学一级和中学高级之间的 p 值分别为 0.024 和 0.017 均小于 0.05，有差异。在混乱倾向维度上，中学二级和中学一级的 $p = 0.007$（<0.05），差异明显。

中学教师时间管理倾向在是否做班主任工作上的差异见表 2-12。

表 2-12　中学教师时间管理倾向在是否做班主任工作上的差异

	$M \pm SD$		t	p
	是	否		
时间管理总分	60.54 ± 11.63	61.73 ± 10.90	−1.056	0.295
目标设置	16.62 ± 4.51	16.67 ± 4.41	−0.086	0.931
时间安排	18.35 ± 4.30	18.62 ± 3.92	−0.662	0.508
时间自控	15.06 ± 3.33	15.40 ± 3.18	−1.049	0.295
混乱倾向	10.50 ± 2.74	11.04 ± 2.48	−2.069	0.039

时间管理总分 $p = 0.295 > 0.05$，在是否担任班主任方面无差异。目标设置、时间安排、时间自控三个维度的 p 值均大于 0.05，不存在差异。混乱倾向的 $p = 0.039$（<0.05），存在差异。

中学教师时间管理倾向在月平均收入上的差异见表2-13。

由表2-13可知,在月平均收入上,时间管理总分和各维度的p值均大于0.05,因此,中学教师时间管理在月平均收入上无差异。

中学教师时间管理倾向在曾获奖励及荣誉级别的差异见表2-14。

由表2-14可知:时间管理总分$F=3.637,p=0.003(<0.01)$,差异显著;目标设置$F=2.940,p=0.013(<0.05)$,有差异;时间安排$F=2.889,p=0.014(<0.05)$,在差异;时间自控$F=2.808,p=0.017(<0.05)$,有差异;混乱倾向$F=5.812,p=0.000(<0.001)$,差异非常显著。

再进行多重分析比较,结果见表2-15。

在时间管理总分上县级和省级的$p=0.000(<0.001)$,差异非常显著。县级和国家级的$p=0.028(<0.05)$,有差异;市级和省级的$p=0.018(<0.05)$,有差异;县级和国家级的$p=0.028(<0.05)$,有差异。在目标设置维度上,县级和省级$P=0.003(<0.01)$,差异显著;县级和国家级$p=0.005(<0.01)$,差异显著。在时间安排维度上,校级和省级$p=0.017(<0.05)$有差异;县级和省级$p=0.001(<0.01)$,差异显著;市级和省级$p=0.049(<0.05)$,稍有差异。在时间自控维度上,校级和国家级$p=0.015(<0.05)$,有差异;县级和省级$p=0.014(<0.05)$,有差异;县级和国家级$p=0.002(<0.01)$,差异显著;市级和国家级$p=0.017(<0.05)$,有差异。在混乱倾向维度,校级和市级$p=0.041(<0.05)$,有差异;县级和省级$p=0.035(<0.05)$,有差异;市级和省级$p=0.018(<0.05)$,有差异。

表 2-13　中学教师时间管理倾向在月平均收入上的差异

| | M±SD | | | | | | F | p |
	1500元以下	1501~2000元	2001~2500元	2501~3000元	3001~3500元	3501元以上		
时间管理总分	57.53±10.99	61.90±12.51	61.22±10.55	62.41±9.47	61.6±11.11	57.63±9.61	1.138	0.339
目标设置	16.21±4.23	17.00±4.63	16.39±4.26	17.28±3.47	16.28±5.18	14.50±6.72	0.983	0.428
时间安排	16.97±4.15	18.41±4.46	18.79±3.78	18.91±3.45	18.85±4.36	17.75±3.33	1.345	0.244
时间自控	14.09±3.35	15.32±3.48	15.22±3.19	15.72±3.01	15.53±2.73	16.00±3.58	1.265	0.278
混乱倾向	10.26±2.27	11.18±2.57	10.81±2.52	10.50±2.67	10.95±2.82	9.38±3.58	1.513	0.185

表 2-14　中学教师时间管理倾向在曾获奖励及荣誉级别上差异

| | M±SD | | | | | | F | p |
	校级	县级	市级	省级	国家级	无		
时间管理总分	61.56±11.8	59.03±9.68	60.89±12.18	65.16±11.61	65.60±12.54	63.04±10.41	3.637	0.003
目标设置	16.75±4.30	15.82±4.13	16.77±4.93	17.72±4.38	19.13±4.58	16.89±4.17	2.940	0.013
时间安排	18.14±4.86	17.87±3.57	18.56±4.26	19.85±4.00	20.00±4.50	18.96±3.58	2.889	0.014
时间自控	15.20±3.59	4.76±3.01	15.33±3.29	15.91±3.17	17.47±3.20	15.48±3.22	2.808	0.017
混乱倾向	11.47±1.93	10.59±2.37	10.2±2.98	11.69±2.48	9.00±3.91	11.70±2.13	5.812	0.000

表 2-15　曾获奖励及荣誉级别上的差异多重分析

		校级	县级	市级	省级	国家级	无
时间管理总分	校级	I					
	县级	-2.528	I				
	市级	-0.677	1.853	I			
	省级	3.605	6.133③	4.280①	I		
	国家级	4.041	6.569①	4.716	0.436	I	
	无	1.478	4.006	2.153	-2.127	-2.563	I
目标设置	校级	I					
	县级	-0.926	I				
	市级	0.022	0.948	I			
	省级	0.971	1.900②	0.949	I		
	国家级	2.388	3.313②	2.366	1.417	I	
	无	0.143	1.069	0.121	-0.828	-2.244	I
时间安排	校级	I					
	县级	0.266	I				
	市级	0.423	0.689	I			
	省级	1.715①	1.981②	1.293①	I		
	国家级	1.864	2.130	1.442	0.149	I	
	无	0.827	1.093	0.405	-0.888	-1.037	I
时间自控	校级	I					
	县级	-0.446	I				
	市级	0.122	0.568	I			
	省级	0.707	1.153①	0.585	I		
	国家级	2.263①	2.709②	2.141①	1.556	I	
	无	0.278	0.724	0.156	-0.429	-1.985	I

		校级	县级	市级	省级	国家级	无
混乱倾向	校级	I					
	县级	-0.891	I				
	市级	-1.242[①]	-0.351	I			
	省级	0.212	1.103[①]	1.454[①]	I		
	国家级	-2.475	-1.584	-1.233	-2.687	I	
	无	0.229	1.120	1.471	0.017	2.704	I

注：① 均值差的显著性水平为 0.05。
② 均值差的显著性水平为 0.01。
③ 均值差的显著性水平为 0.001。

中学教师时间管理倾向的主副学科差异见表 2-16。

由表 2-16 可知，在主副学科方面，时间管理总分、目标设置、时间安排、时间自控、混乱倾向的 p 值均大于 0.05，所以时间管理在所教学科上不存在差异。

表 2-16　中学教师时间管理倾向的主副学科差异

	$M \pm SD$		t	p
	主科	副科		
时间管理总分	61.38 ± 10.71	61.27 ± 11.90	0.151	0.880
目标设置	16.76 ± 4.36	16.56 ± 4.51	0.452	0.651
时间安排	18.50 ± 3.94	18.56 ± 4.28	-0.130	0.900
时间自控	15.32 ± 3.09	15.25 ± 3.44	0.220	0.826
混乱倾向	10.79 ± 2.57	10.84 ± 2.62	-0.190	0.849

中学教师时间管理倾向的毕业班与非毕业班上的差异见表 2-17。

表 2-17　中学教师时间管理倾向在毕业班与非毕业班上的差异

	$M \pm SD$		t	p
	毕业班	非毕业班		
时间管理总分	60.63 ± 12.99	61.69 ± 10.04	− 0.862	0.389
目标设置	16.53 ± 4.93	16.77 ± 4.10	− 0.508	0.612
时间安排	18.20 ± 4.76	18.71 ± 3.63	− 1.140	0.255
时间自控	15.10 ± 3.50	15.40 ± 3.01	− 0.873	0.384
混乱倾向	10.81 ± 2.85	10.81 ± 2.43	− 0.025	0.980

由表 2-17 可知,时间管理总分、目标设置、时间安排、时间自控、混乱倾向等在担任毕业班与非毕业班上的 p 值均大于 0.05,所以,中学教师时间管理不存在毕业班与非毕业班的差异。

中学教师时间管理倾向在是否担任行政工作上的差异见表 2-18。

由表 2-18 可知,时间管理总分、目标设置、时间安排、时间自控、混乱倾向等在是否担任行政工作的 p 值均大于 0.05,所以,中学教师时间管理不存在是否担任行政工作的差异。

表 2-18　中学教师时间管理倾向在是否担任行政工作上的差异

	$M \pm SD$		t	p
	教学工作	行政工作		
时间管理总分	61.19 ± 11.27	61.84 ± 10.67	− 0.361	0.719
目标设置	16.55 ± 4.49	17.49 ± 3.98	− 1.313	0.190
时间安排	18.46 ± 4.09	19.02 ± 3.90	− 0.865	0.387
时间自控	15.30 ± 3.23	14.95 ± 3.37	0.667	0.505
混乱倾向	10.88 ± 2.57	10.37 ± 2.83	1.212	0.226

中学教师时间管理倾向在教科研方面的差异见表 2-19。

表 2-19　中学教师时间管理倾向在教科研方面的差异

	$M \pm SD$		
	校级	县级	市级
时间管理总分	64.37 ± 10.85	60.56 ± 11.31	56.41 ± 10.86
目标设置	18.04 ± 3.79	16.51 ± 4.33	15.01 ± 4.10
时间安排	18.89 ± 4.25	18.47 ± 4.10	17.15 ± 4.10
时间自控	15.94 ± 3.50	15.00 ± 3.52	14.30 ± 3.01
混乱倾向	11.50 ± 2.17	10.58 ± 2.74	9.94 ± 2.62

	$M \pm SD$			F	p
	省级	国家级	无		
时间管理总分	60.57 ± 11.42	68.07 ± 7.69	61.60 ± 10.90	4.547	0.000
目标设置	6.16 ± 4.82	19.67 ± 3.48	16.52 ± 4.59	4.599	0.000
时间安排	18.83 ± 3.72	20.40 ± 3.58	8.57 ± 4.05	2.082	0.067
时间自控	15.14 ± 3.14	17.67 ± 2.29	15.28 ± 2.94	3.473	0.004
混乱倾向	10.47 ± 2.51	10.33 ± 4.39	11.23 ± 2.35	3.410	0.005

在教科研方面,时间管理总分的 $p = 0.000$(< 0.001),差异非常显著;目标设置的 $p = 0.000$(< 0.001),差异非常显著;时间安排的 $p = 0.067$(> 0.05),差异不明显;时间自控的 $p = 0.004$(< 0.05),差异明显;混乱倾向的 $p = 0.005$(< 0.01),差异显著。

进一步进行多重分析,所得结果见表 2-20。

表 2-20　教科研方面差异的多重分析

		校级	县级	市级	省级	国家级	无
	校级	I					
	县级	−3.815[1]	I				
时间 管理 总分	市级	−7.964[3]	−4.150[1]	I			
	省级	−3.785	0.030	4.179[1]	I		
	国家级	3.695	7.510[1]	11.660[3]	7.480[1]	I	
	无	−2.771	1.043	5.193[2]	1.014	−6.467[1]	I

续表

		校级	县级	市级	省级	国家级	无
目标设置	校级	I					
	县级	−1.531	I				
	市级	−3.024③	−1.493①	I			
	省级	−1.888①	−0.356	1.137	I		
	国家级	1.624	3.155①	4.648③	3.511②	I	
	无	−1.520①	0.012	1.505①	0.368	−3.144②	I
时间安排	校级	I					
	县级	−0.420	I				
	市级	−1.738①	−1.318	I			
	省级	−0.058	0.362	1.679①	I		
	国家级	1.514	1.934	3.252②	1.572	I	
	无	−0.316	0.103	1.421①	−0.258	−1.831	I
时间自控	校级	I					
	县级	−0.943	I				
	市级	−1.647②	−0.704	I			
	省级	−0.805	0.138	0.842	I		
	国家级	1.724	2.667②	3.370③	2.529②	I	
	无	0.666	0.277	0.981	0.139	−2.390②	I
混乱倾向	校级	I					
	县级	0.920	I				
	市级	−1.556②	−0.635	I			
	省级	−1.034	−0.114	0.521	I		
	国家级	−1.167	−0.246	0.389	−0.132	I	
	无	−0.269	0.651	1.286①	0.765	0.897	I

注：① 均值差的显著性水平为 0.05。
② 均值差的显著性水平为 0.01。
③ 均值差的显著性水平为 0.001。

在时间管理总分,校级和县级的 $p = 0.030$(< 0.05),有差异;校级和市级的 $p = 0.000$(< 0.001),差异非常显著;县级和省级的 $p = 0.029$(< 0.05),有差异;县级和国家级的 $p = 0.015$(< 0.05),有差异;市级和省级的 $p = 0.044$(< 0.05),有差异;市级和国家级的 $p = 0.000$(< 0.001),差异非常显著;市级和无课题的 $p = 0.004$(< 0.01),差异显著;省级和国家级的 $p = 0.019$(< 0.05),有差异;国家级和无课题的 $p = 0.031$(< 0.05),有差异。在目标设置维度,校级和县级的 $p = 0.028$(< 0.05),有差异;校级和市级的 $p = 0.000$(< 0.001),差异非常显著;校级和省级的 $p = 0.015$(< 0.05),有差异;校级和无课题的 $p = 0.019$(< 0.05),有差异;县级和市级的 $p = 0.047$(< 0.05),有差异;县级和国家级的 $p = 0.010$(< 0.05),有差异;市级和国家级的 $p = 0.000$(< 0.001),差异非常显著;市级和无课题的 $p = 0.033$(< 0.05),有差异;省级和国家级的 $p = 0.006$(< 0.01),差异显著;国家级和无课题的 $p = 0.008$(< 0.01),差异显著。在时间安排维度,校级和市级 $p = 0.018$(< 0.05),有差异;市级和省级 $p = 0.029$(< 0.05),有差异;市级和国家级 $p = 0.006$(< 0.01),差异显著;市级和无课题的 $p = 0.030$(< 0.05),有差异。在时间自控维度,校级和市级 $p = 0.005$(< 0.01),差异显著;县级和国家级 $p = 0.003$(< 0.01),差异显著;市级和国家级 $p = 0.000$(< 0.001),差异非常显著;省级和国家级 $p = 0.006$(< 0.01),差异显著;国家级和无课题 $p = 0.006$(< 0.01),差异显著。在混乱倾向维度,校级和市级 $p = 0.009$(< 0.01),差异显著;市级和无课题的 $p = 0.035$(< 0.05),有差异。

中学教师时间管理倾向在学校级别上的差异见表2-21。

表 2-21　中学教师时间管理倾向在学校级别上的差异

	$M \pm SD$			F	p
	农村中学	三星级中学	四星级中学		
时间管理总分	61.85 ± 11.85	62.68 ± 8.44	59.72 ± 11.76	2.432	0.089
目标设置	17.41 ± 4.38	17.16 ± 3.69	15.46 ± 4.69	8.901	0.000

	$M \pm SD$			F	p
	农村中学	三星级中学	四星级中学		
时间安排	8.74 ± 4.26	19.05 ± 3.14	17.93 ± 4.29	2.643	0.072
时间自控	15.15 ± 3.41	5.54 ± 2.66	15.24 ± 3.36	0.451	0.638
混乱倾向	10.55 ± 2.80	10.92 ± 2.24	11.09 ± 2.54	1.826	0.162

表 2-21 可知,中学教师时间管理在时间管理总分、时间安排、时间自控、混乱倾向的 p 值均大于 0.05,所以在学校级别上无差异。目标设置的 $p = 0.000$(<0.001),差异非常显著。

学校级别上差异的多重分析见表 2-22。

表 2-22 学校级别上差异的多重分析

		农村中学	三星级中学	四星级中学
时间管理总分	农村中学	I		
	三星级中学	0.830	I	
	四星级中学	-2.133	-2.963	I
目标设置	农村中学	I		
	三星级中学	-0.244	I	
	四星级中学	-1.950[①]	-1.706[②]	I
时间安排	农村中学	I		
	三星级中学	0.310	I	
	四星级中学	-0.810	-1.121	I
时间自控	农村中学	I		
	三星级中学	0.392	I	
	四星级中学	0.087	-0.305	I
混乱倾向	农村中学	I		
	三星级中学	0.372	I	
	四星级中学	0.540	0.169	I

注:① 均值差的显著性水平为 0.001。
② 均值差的显著性水平为 0.01。

进一步进行多重比较分析,表 2-22 可知在目标设置方面,农村中学和四星级中学的 $p = 0.000$(<0.001),差异非常显著;三星级中学和四星级中学 $p = 0.003$(<0.01),差异显著。

职业倦怠和时间管理的相关关系见表 2-23。

表 2-23　职业倦怠和时间管理的相关关系

			倦总	时总
Kendall 的 tau_b	倦总	相关系数	1.000	$-0.150$①
		Sig.(双侧)	.	0.000
		N	426	414
	时总	相关系数	$-0.150$①	1.000
		Sig.(双侧)	0.000	.
		N	414	415
Spearman 的 rho	倦总	相关系数	1.000	$-0.211$①
		Sig.(双侧)	.	0.000
		N	426	414
	时总	相关系数	$-0.211$①	1.000
		Sig.(双侧)	0.000	.
		N	414	415

注:① 在置信度(双测)为 0.01 时,相关性是显著的。

由职业倦怠和时间管理的相关关系比较分析可知,职业倦怠和时间管理的 p 值为 0.000(<0.001),呈显著负相关。即职业倦怠越严重,其时间管理越差。

四、分析与讨论

1. 中学教师时间管理倾向总体特点的分析与讨论

(1)中学教师与员工时间管理倾向的总体差异分析

在目标设置、时间安排、时间自控、混乱倾向维度上,中学教师得分均高于以武汉市私企员工、外企员工、高校教师组成的被试得分,说明中学教师时间管理倾向优于以武汉市私企员工、外企员工、高校教师组成的被试。可见,工作性质对时间管理的影响显著。现代社会竞争激烈,人们都面临着巨大的工作压力,所以都很重视时间管理。但高校教师、私企员工、外企员工的工作任务具有自由支配时间多、作息时间规律性较差的特点,而中学教师大部分坐班,自由支配时间少,作息时间规律性强,所以中学教师可能较易于时间安排和时间自控。由于中学教师的时间安排和时间自控较好,所以中学教师的混乱倾向显著低于以武汉市私企员工、外企员工、高校教师组成的被试。

（2）中学教师时间管理倾向不同维度上的特点分析

中学教师时间管理倾向在各维度上也存在差异。从各维度的数据可以看出,中学教师是个很庞大的群体,专业技术要求比较高,主要为业务性工作。现在课程改革对教师的要求高,工作负担过重与教师承受能力有限的矛盾日益加深,刚刚参加工作的年轻人常常和自己的家人或朋友"抱怨"自己的工作忙,长时间的忙碌和超负荷的工作逐渐影响到他们的工作积极性和身体健康状况。教师职业倦怠对自我效能感产生影响。由于职业倦怠,一些教师对自己的职业生涯几乎没怎么规划,加之教师职业比较容易陷入单调循环的怪圈之中,因此每一位教师在日常的教学实践中,摸索和积累了一套使自己变得"得心应手"和"行之有效"的固定化模式,日久天长导致倦怠情绪的滋生,加上对专业发展没有多少追求,自我效能感低下,因此要改变他们已经僵化的教学观念和行为方式就十分困难。职业倦怠会抑制教师的自我效能,使得教师面对新课改、新理念、新方式和新教材信心不足,不能直面挑战,以及主动、健康地提升和发展自己,其结局是回避、消极抵制课改,最终将陷入新一轮的倦怠之中。在时间管理各维度上,一部分教师工作目标不是很明确,工作缺少动力来源,所以还存在目标设置不明确,时间安排不科学,时间自控能力差,混乱倾向严重等现象。

2. 中学教师时间管理倾向在不同变量上特点的分析与讨论

（1）中学教师时间管理倾向的性别差异分析

在以往的研究中,时间管理倾向的性别差异研究没有统一的结论。本研究结果表明：在时间管理倾向总分及其目标设置、时间计划、时间自控维度上，性别差异不显著；在混乱倾向维度上，性别差异显著，男教师混乱倾向高于女教师。这可能和男教师与女教师的成就动机不同有关，男教师比女教师成就动机更强、目标更大，并且期望在短期内达成的子目标更多，所以容易产生更高的混乱倾向。当然，男、女教师在成就动机上是否有显著差异，成就动机的差异是否会影响混乱倾向，还需进一步研究去证实。

（2）中学教师时间管理倾向的教龄、婚姻、职称、是否是班主任、月平均收入、任教学科、是否担任行政工作差异分析

对于没有受过专业时间管理训练的中学教师群体，他们的时间管理习惯、方法、手段主要是在接受从幼儿园开始到大学毕业教育过程中逐步养成的。这种教育包括家庭教育、学校教育等，这当中的时间管理教育是一种零星的、散布于各个学科和各个生活场景、各个时间节点的、非系统的、朴素的时间管理教育。几乎所有人从小都受过这样一种家庭时间管理教育，那就是父母都无一例外地要求孩子先干完事情然后再去玩。而在学校教育中，充分利用时间、科学利用时间努力提高学习效率更是教师们常常挂在嘴边的、对学生的一个基本要求。

参加工作之后，人们不再接受学生时代的系统教育，零星的、非系统的时间管理教育也便就此中止，于是中学教师时间管理经验便停留在参加工作之前的水平上。教龄、婚姻、职称、是否是班主任、月平均收入、任教学科、是否担任行政工作等都是发生在参加工作之后，其对时间管理能力的影响自然是微乎其微或者为零了。这也恰恰说明应该对中学教师时间管理进行团体训练，改善时间管理倾向，提高时间管理能力。

所以，中学教师的教龄、婚姻、职称、是否是班主任、月平均收入、任教学科、是否担任行政工作对时间管理倾向的影响并不显著。

（3）中学教师时间管理倾向的学历、学位差异分析

在学历、学位方面，本科学历时间管理普遍高于其他学历的中

学教师。根据以往的研究,高学历者时间管理倾向总分及各子维度得分均高于低学历者,而本研究中,研究生学历的得分却低于本科生。究其原因,中学大多数教师的学历是本科,属于大众群体,而大专及硕士研究生学历所占的比例比较小,特别是研究生学历只是在近年才进入中学。为什么研究生学历的教师时间管理低于本科学历的教师呢?带着这个疑问,笔者对研究生学历的教师做进一步跟踪走访,进行调查了解。结果发现,他们事无巨细,过分追求完美。而学校的工作环境比较特殊,教师并不是一份朝九晚五的工作,也不是那种盯着闹钟,按小时计算工资的工作,所以不能事事力求完美,因为完美主义不会从众多的事情中选择出更重要的,并把重要性不同的事情赋予不同的权重,所以并不是所有的事情都值得做得一样好。

（4）中学教师时间管理倾向在奖励及教科研方面的差异分析

中学教师时间管理在奖励及教科研方面差异最显著。总的来说,时间管理还是属于管理心理学的范畴,奖励和教科研方面的成绩是体现教师工作积极性的一个重要方面,多数教师注重自己的成长和发展,所以激励在中学教师时间管理中的作用不可忽视。能够满足心理发展需要的工作因素如果存在并且充分,会引起人们的满意情感,这种工作因素叫作激励。根据激励理论,激励因素也就是人们在各种情境中寻找满足需求的条件的因素。而那些满足职工避免痛苦需要的工作因素一旦缺乏或不足,就会引起人们不满意的情感,这些工作因素称为保健因素。保健因素的缺乏就是导致上述不满意的原因。动机在心理学中通常被认为是激励和维持人的行动,并将行动导向某一目标,以满足个体某种需要的内部动因或动力。动机本身不属于行为活动,它是行动的原因,不是行动的结果。兴趣是人们注意与探究某种事物或从事某种活动的各级态度与倾向,价值观念是主体关于客体的有用性的看法或思想体系,对动机有更广泛、更长久的作用。抱负水准决定动机强度,也就是说,兴趣与价值观念主要影响行动的方向,而抱负水准影响行动达到目标的程度。所谓抱负水准是一种欲将自己的工作做到某种质量标准的心理需求。根据教师发展三阶段理论,从一名新教师成长为一名合格教师有一个过程,教师在不同的成长阶段所关注的问题不同。比如,对于处于关注生存阶段的新教师而言,他们非常关心自己的生存适应性,最担心的问题是:"学生喜欢我吗?""同事如何看我?""领导是否觉得我干得不错?"等等。因此,要注重教师的成长和发展。赫茨伯格认为,人类有两类基本的需要:一是避免痛苦的需要;二是心理发展的需要。前者是保持身体舒适的需要,后者是促进自我实现的需要。教师的工作动机不同,其时间管理差异显著,因此激励激发动机,就如同激发学生学习的动机一样来激发教师的工作热情,促其有效精致地管理时间,以达到生命管理的意义。

（5）中学教师时间管理倾向在学校级别上的差异分析

时间管理的目标设置维度在学校级别上差异显著,四星级中学明显低于三星级中学和农村中学,这可能是由四星级中学的教师工作压力大于三星级和农村中学的教师所致。四星级中学的学生家长普遍对孩子的期望较高,因此对教师的要求也高。再加上四星级中学往往规模都比较大,教师多、学生多、事务多、会议也多,所以教师很难有明确的目标设置。

（6）职业倦怠与时间管理倾向的相关分析

由职业倦怠和时间管理相关分析可知,职业倦怠是影响中学教师时间管理的一个重要因素,职业倦怠和时间管理呈显著负相关,职业倦怠严重影响时间管理。学校具有相对封闭性,教师知识结构更新速度无法与当前社会的急剧变迁相适应,致使有些教师陷入机械、重复、单调的日常工作中。这时就会出现所谓的"低挑战型教师",这类教师既不是对工作量不满,也不是对工作感到焦虑无助,而是面对每天和每年单调、缺乏激情的工作感到无力,激发不出工作热情。

重复劳动使人产生职业倦怠,没有目标,缺少动机,致使工作中缺少热情,浪费时间严重,或者不能有效地管理时间。

培养与激发教师工作动力是学校领导工作的直接承担者,他们起到支持、鼓励教师工作的作用,使得教师高效率教学,致力于提高工作效率,发挥自己的作用,从而把时间管理上升到生命管理的意义。

3. 结论

(1) 中学教师时间管理倾向存在差异

中学教师时间管理总分及各维度得分均高于以武汉市私企员工、外企员工、高校教师组成的被试得分。在时间管理倾向总分及其目标设置、时间计划、时间自控维度上,性别差异不显著;在混乱倾向维度上,性别差异显著,男教师混乱倾向高于女教师。中学教师的教龄、婚姻状况、职称、是否是班主任、月平均收入、任教学科、是否担任行政工作等在时间管理倾向方面影响不显著。在学历、学位方面,本科学历时间管理倾向普遍高于其他学历的中学教师。时间管理的目标设置维度在学校级别上差异显著,四星级中学明显低于三星级中学和农村中学的教师,中学教师时间管理倾向在奖励及教科研方面差异最显著。

(2) 职业倦怠与时间管理关系密切

职业倦怠与时间管理关系密切,本研究结果证实了本节开头的假设 3。研究结果表明:职业倦怠与时间管理呈显著负相关,中学教师职业倦怠影响时间管理,激励机制在时间管理中起重要作用。

第二节 中学教师时间管理的干预研究

经过对中学教师时间管理进行的调查研究,了解他们时间管理的现状,在此基础上设计时间管理训练课程对其进行干预,提高中学教师时间管理的技能,并探讨时间管理训练课程的有效性。团体辅导是通过团体内人际交互作用,促进个体在交往中通过观察、学习、体验、认识自我、探讨自我、接纳自我、认识他人、调整和改善与他人的关系、学习新的态度与行为方式、以发展良好适应能力的助人过程,是一种有效的教育活动。

一、研究目的

探索时间管理团体辅导对改善中学教师时间管理和提高时间管理能力的作用。探索减轻职业倦怠的途径,进一步明确激励在时间管理中的作用。

二、研究假设与研究设计

1. 研究假设

假设1:时间管理能力是可以通过学校管理得到改善的。

假设2:通过降低职业倦怠可以提高时间管理的技能。

假设3:专门的训练在短期内能够有效改善教师的时间管理倾向。

2. 研究设计

本研究设计包含两个阶段:一是编制干预方案阶段;二是干预方案实施阶段。

第一阶段,查阅时间管理、管理学、心理学的相关书籍,了解前面的时间管理干预方案,根据中学教师时间管理的特点,编制提高教师时间管理的方案。

第二阶段,在中学教师中设置实验组和对照组进行干预研究。实验组接受时间管理各种训练,对照组不接受任何处理。干预实施设计见表2-24。

表2-24　干预实施设计

	前测	处理方式	后测
实验组($n=30$)	ATMD 量表	时间管理训练	ATMD 量表
对照组($n=30$)	ATMD 量表	无处理	ATMD 量表

实验组将接受一系列的干预训练,具体分为三个阶段:第一阶段为认知阶段,学习相关内容,转变观念;第二阶段为心理提升阶段;第三阶段为巩固阶段。

实验组在接受团体辅导的过程中,进一步接受各自学校领导课题研究任务和领导给予的各方面的鼓励和支持。

对照组成员不接受任何处理,接受前、后测的时间与实验组成员相同。

三、研究对象与方法

1. 研究对象

选取各不同层次学校的 30 名教师作为实验组,随机抽取各不同层次的 30 名教师作为对照组。

2. 研究工具

(1)袁圆的员工时间管理量表(用于前、后测)

(2)时间管理训练方案

根据本次训练活动的目的,本着"简单易行,便于操作"的原则,设计出训练方案。训练方案尽量体现出活动的主题,达到训练的目的,详细内容见表 2-25。

表 2-25 时间管理训练方案

单元名称	单元目标	活动内容
认知时间管理	介绍时间的价值和时间管理的意义,通过被试深刻意识到时间管理的重要性,增强时间价值感。	发放、回收问卷(前测),介绍活动目的与内容,提出要求。主讲内容:① 谜语引入时间。② 增强对时间价值的认识(故事介绍)。③ 介绍时间管理的概念。④ 探讨为什么要管理时间。⑤ 计算我们能够利用的时间有多少
学习时间管理	帮助初试回顾、剖析自身时间管理的不足介绍时间管理的相关技巧,有意识地去管理时间	主讲内容:① 介绍回顾自身时间管理的意义。② 发一张白纸,描述"我的一天"并讨论。③ 填表了解自身时间管理利用状况,分组讨论。④ 介绍时间管理相关技巧。名人名言引入掌握技巧的重要性;介绍技巧:避免拖延的技巧,帕累托原则,遵循生物钟节律,主动休息法

单元名称	单元目标	活动内容
体验时间管理	学会设置目标和制订计划,帮助被试更有效地掌控时间,增强时间监控观	主讲内容:① 介绍设置目标的重要性。② 讲述什么样的目标是最佳目标。③ 设置自己的人生目标,分组讨论。④ 如何实现自己的目标:制订每日计划,制订计划的时间安排,制订明日计划,分组讨论
感悟时间管理	学会分析时间管理的效果,坚定自己时间管理的信心	主讲内容:① "天生我才"大讨论。② 养成时间管理的习惯。③ 自由走动,谈本次活动过程中自己的感受
习惯时间管理	培养按照计划进行时间管理的好习惯,强化自身时间管理的良好行为模式,巩固发展	每天制订计划,按计划支配时间,及时反馈并不断改进,使自己的行为形成固定模式,养成善于管理时间的好习惯

（3）教科研活动的开展和奖励等激励方式在时间管理中的应用

激励是管理心理学的一个概念,主要是指激发人的动机,使人有一股内在的动力,朝向所期望的目标前进的心理活动过程。激励也可以说是调动积极性的过程。激励理论的出现,大大丰富了管理的激励实践活动,成为领导者的工作主题之一。以 30 名教师为被试,引导其积极开展课题研究,由县级课题开始,逐级申报,并对其成绩给予必要的肯定,进行跟踪调查,了解其时间管理的变化。

3. 研究程序

（1）确定实验组和对照组

分别在农村中学、三星级中学、四星级中学中选取性别、年龄、职称等不同的 30 名教师作为实验组成员,通知其活动时间和地点。

对照组为随机抽取的学校不同层次的 30 名教师。

（2）实施前测

在实验前,实验组和对照组同时接受时间管理的实验。

（3）实施实验处理

对实验组实行 2 个月的训练,第一个月为理论篇,第二个月为实践篇。第一个月主要通过讲座的形式,通过 PPT 课件展示,让被试在对时间的认识上有所提高,在对待时间的态度上有所改善,在对待时间的处理的技能上有所把握,在对时间管理的信心上有所增强。理论训练一共 4 次,每周一次,每次 60 分钟。

在进行训练的同时,实验组还接受来自学校的课题任务和管理者的激励管理行为。

对照组的被试不接受任何实验处理。

(4)实验后测

干预训练结束后,对实验组、对照组分别发放问卷再次测量时间管理倾向。另外,每次训练时均要填写记录表。

(5)数据处理

所有数据均采用 SPSS17.0 软件进行统计处理。

四、研究结果

1. 实验组与对照组的前后测比较
(1)实验组与对照组的前测比较
比较结果见表 2-26。

表 2-26　实验组与对照组的前测比较

	$M \pm SD$		t	p
	实验组前测	对照组前测		
时间管理总分	59.40 ± 11.02	61.67 ± 12.36	-0.750	0.456
目标设置	14.87 ± 4.01	16.63 ± 4.99	-1.510	0.136
时间安排	17.73 ± 4.23	19.03 ± 3.76	-1.260	0.213
时间自控	15.90 ± 3.29	14.83 ± 3.47	1.220	0.227
混乱倾向	10.90 ± 2.47	11.17 ± 2.69	-0.400	0.691

由表 2-26 可知,实验组和对照组前测得分在时间管理总分及目标设置、时间安排、时间自控、混乱倾向维度上差异不显著。

（2）实验组与对照组的后测比较

比较结果见表2-27。

表2-27　实验组与对照组的后测比较

	$M \pm SD$		t	p
	实验组后测	对照组后测		
时间管理总分	70.90 ± 4.46	61.63 ± 12.05	3.949	0.000
目标设置	18.97 ± 1.84	16.63 ± 4.81	2.484	0.016
时间安排	20.60 ± 1.92	18.90 ± 3.58	2.289	0.026
时间自控	18.40 ± 1.77	14.93 ± 3.49	4.847	0.000
混乱倾向	12.73 ± 1.76	11.17 ± 2.53	2.781	0.007

由表2-27可知,实验组和对照组后测得分在时间管理总分及时间自控维度上差异非常显著,在混乱倾向上差异显著,在目标设置和时间安排上有差异。可见,时间管理训练对改善教师时间管理有显著的作用。

2. 实验组、对照组的前后测比较

（1）实验组的前后测比较

比较结果见表2-28。

表2-28　实验组的前后测比较

	$M \pm SD$		t	p
	实验组前测	实验组后测		
时间管理总分	59.40 ± 11.02	70.50 ± 4.81	− 7.825	0.000
目标设置	14.87 ± 4.01	18.57 ± 2.26	− 6.844	0.000
时间安排	17.73 ± 4.23	20.60 ± 1.92	− 5.464	0.000
时间自控	15.90 ± 3.29	18.33 ± 1.93	− 7.592	0.000
混乱倾向	10.90 ± 2.47	12.73 ± 1.76	− 6.550	0.000

由表2-28可知,在时间管理总分及目标设置、时间安排、时间自控、混乱倾向维度上实验组前后得分差异显著,可见时间管理训练

对改善教师时间管理有显著作用。

（2）对照组的前后测比较

比较结果见表2-29。

表 2-29　对照组的前后测比较

	M ± SD		t	p
	对照组前测	对照组后测		
时间管理总分	61.67 ± 12.36	61.63 ± 12.05	0.215	0.831
目标设置	16.63 ± 4.99	16.63 ± 4.80	0.000	1.000
时间安排	19.03 ± 3.75	18.90 ± 3.58	1.682	0.103
时间自控	14.83 ± 3.47	14.93 ± 3.49	− 1.795	0.083
混乱倾向	11.17 ± 2.69	11.17 ± 2.53	0.000	1.000

由表2-29可知，在时间管理总分及目标设置、时间安排、时间自控、混乱倾向维度上实验组前后得分无显著差异，可见未接受时间管理训练的教师时间管理无变化。

3. 实验组成员对干预研究的评价

训练结束后，针对训练内容，每位教师都讲述了自己的心得体会，下面摘录几段感言。

（1）时间是一种不可再生的资源，如果我们的时间用完了，那么我们的生命也就不复存在了。

（2）要想节约时间，首先必须知道你的时间是怎样被耗费的，而要想知道时间的耗费情况，就必须先做时间记录，即采用时间统计法。

（3）很多人都不了解计划一旦开始，要花费多少时间才能完成，也不了解自己的时间其实非常有限，所以用时间衡量价值，不值得做的事不做。

（4）受别人的干扰越多，浪费的时间和精力就越多，尽管有时候受干扰反而会有些意外的收获，但总的来说，失去的永远比得到的多。

（5）俗话说"好记性不如烂笔头"，如果你为了预防小偷将贵重物品藏起来,但是时间久了,连你自己都忘记藏在哪里了,这与被小偷偷走又有什么区别呢?

(6)如果你发现再多付出些努力,也不会让最后的成果有显著改善,那就别再过度烦恼这项工作了。

(7)现实中,我们难免要遭遇挫折与不公正待遇,每当这时,有些人往往会产生不满,不满通常会引起抱怨牢骚。从心理角度上讲,这是一种正常的心理自卫行为,但是,它却占用我们太多的时间。

(8)如果你想取得比别人更大的成绩,就要付出比别人更多的时间和精力。

(9)在当今这个快节奏生活的年代里,人们每天似乎都没有充裕的时间去完成想做的事,所以许多念头就此打消了,但是也正是这一念之差就决定了你不能成功。富兰克林曾精辟地说过这么一句话:"失败与成功的最大分水岭可以用这么五个字表达——我没有时间。"

(10)时间给勤奋者留下智慧和力量,给懒惰者留下空虚和懊悔,只有勤奋才能为一个人赢得更多的时间。

(11)追求效率,合理规划时间。

(12)很多人经常遭遇这样的悲哀:捡了芝麻,丢了西瓜。在时间的利用上尤其如此,有的人不会轻重缓急,结果该做的事情没做,不该做的事情倒先做了。聪明人最大的特征就是懂得紧急的事不一定重要,重要的事不一定紧急。

(13)平庸的人往往把那些容易的事情放在最前面,而优秀的人则把那些最重要的,最能带来价值的事情放在前面。所以我们经常看到两个人可能同样忙碌,但因为对事情排列的顺序不同,所达到的效果也就大不相同了。

(14)我们小时候就听说过"磨刀不误砍柴工"的故事,如果我们不肯花几分钟时间去把砍柴的刀磨得锋利,那么我们只能用一把钝斧头去砍柴,这样效率就会大大降低。这就需要我们在做事之前要把准备工作做好,力求事半功倍。

（15）如果一个人没有目标，就只能在人生的旅途上徘徊。跳高运动员在训练的时候，如果他的前面没有一根横杆而让他自由地跑，那么可以肯定，他永远也跳不出好成绩来。因为他没有目标，没有目标也就没有超越。这很像物理学中的一条原理：没有参照物，运动或静止都没有意义。

从以上的体会来看，实验组教师的变化可以概括为三个方面：更加深刻地认识到时间的宝贵；知道该如何管理时间；学会了有效、精致地管理时间。

五、分析与讨论

1. 干预研究的效果

近年来，时间管理训练对各种时间管理变量进行干预的研究不断涌现，而且很多研究都证实了时间管理训练的有效性。本研究结果表明，实验组在时间管理总分及目标设置、时间安排、时间自控、混乱倾向维度上的改变都是显著的，并且通过跟踪调查，后效稳定持久。这一结果有力地支持了假设，说明时间管理团体辅导对改善中学教师时间管理效果明显。因此，时间管理团体训练取得的效果主要表现在以下几个方面：

（1）思路清晰，目标定位准确。干预训练共分为五个单元，第一单元为认知时间管理，分四个专题讲授，内容具体，目标任务明确；第二单元为学习时间管理，运用已经学习的方法措施进行时间管理，填写计划表、实施、反馈、总结，在此期间利用短信等形式适时指导；第三单元为体验时间管理，总结经验教训，寻找解决方法；第四单元为感悟时间管理，被试成员讨论，撰写心得体会；第五单元为习惯时间管理，进一步加强时间管理意识，督促培养时间管理习惯的养成。

（2）主题突出，形式多种多样。紧紧围绕培养中学教师有效精致管理时间的主题，运用问卷调查、专题讲座、讨论、互动等形式，从心理学的团体辅导到管理学激励方式的运用两方面进行时间管理干预的研究。

（3）耗时较短，最终效果显著。团体辅导在短时间内能取得明显的效果，这在以往的研究中已有论述。本研究中激励在时间管理上运用的效果也很明显。激励往往会引起人们的满意情感，能激发教师的工作热情，工作上有愿景和目标，才能做到有效精致地管理时间，以达到生命管理的意义。

2. 干预研究的特色

（1）中学教师时间管理训练团体辅导的有益尝试

在时间管理学研究的每个阶段，研究者都采用了很多方法传播他们的理论，让更多的人从中受益。时间管理训练由来已久，以往主要是通过演讲、授课、著书传播等方式，直到 2006 年华中师范大学的丁红燕在对大学生时间管理倾向干预上运用了团体辅导，开创了时间管理训练干预的先例，但在中学教师群体的时间管理干预研究却基本是空白。

本研究的创新点就在于把时间管理训练应用到中学教师群体，积极探索时间管理训练对改善中学教师时间管理的效果。

（2）通过督导提高时间管理训练的效能

帮助领导者发现自身的缺点，提高领导水平，提高成员对自己行为模式、性格、价值观的敏锐觉察，增进时间管理训练的效果；可以共同讨论、分析，从而发现解决特殊事件的有效策略。

总之，与以往的时间管理训练实证研究相比，现场督导是本研究的一大特色。主要表现在三个方面：第一，形式新颖，内容讲授和实践操练相结合，在学习理论知识的基础上掌握时间管理的技巧。第二，内容新颖，针对中学教师自身的特点，综合运用同辈群体、承诺约束、行为强化的心理学知识，促其训练的有效开展。第三，操作简单，主要以讲授为主，再辅以个别指导，不需要一定的专业背景和技术水平。

3. 干预研究的结论

根据本研究结果，可以得出以下结论：时间管理训练能够有效改善中学教师时间管理。用激励理论从理论和实践两方面通过消除职业倦怠对中学教师的时间管理进行训练,大大提高了中学教师时间管理能力,为其有效精致管理时间提供了依据。

第三节　课堂教学中的时间管理

　　课堂教学时间由分配时间、教学时间及课堂管理时间构成,是指在课堂教学过程中流逝的时间。分配时间是教师分配教学的时间,指学习者主动参与学习、积极与教师互动而主动分配的教学时间。

　　一节课管理得好与坏,往往取决于教师时间管理的好与坏。时间管理是对时间进行规划并高效利用时间以达到管理目标的过程,而课堂教学的时间管理是教学管理的首要环节。在教学实践工作中,教师对于课堂教学时间的关注应该集中在三个方面:引导、聚焦和降耗,其目标指向都是提升课堂教学效益。

　　教学效率是判定课堂教学各环节时间分配是否合理有效的指标,课堂教学过程中学生的学习效果是衡量课堂教学效率的最为重要的指标,课堂教学时间分配的合理性、有效性的一个重要标志就是在有限的一节课使学生获得最大的学习收获。针对课堂教学活动,时间长度是既定的,课堂教学活动的有效性更多体现为教师和学生双主体,在投入一定时间的基础上,追求教学产出的最大化。

一、教学时间的结构

　　1. 教学时间的内容结构

　　纯粹的“课堂教学时间”存在形式是师生教学互动和教学实施,而发生于课堂教学时间背后的“内容”对学生发展才具有实质性的意义。课堂教学时间的内容结构是指构成教学时间系统的内容性要素排列组合关系及其所占的时间比例,又可分为下列几种结构类型:

　　(1)课堂教学时间的纵向程序结构

　　课堂教学时间的纵向程序结构就是一节课的纵向程序环节分

别所占的时间及其排列组合关系,可简单地分为导入、课中时间和结课三个类别。从一节课的纵向展开顺序,课堂教学时间分为准备教学、复习旧知识、讲解新内容、巩固新内容、小结、作业练习的环节。受学生注意力集中规律、接受新知识的速度等因素的影响,虽然我们一直对于如何提高学生在教学过程中的教学功效问题有所研究,但是随着时代的发展、社会的进步等各种新的因素的出现,还是更应该合理设计和安排课堂教学时间的纵向程序结构,使之能够满足教育发展的需要。

(2)课堂教学时间的横向空间结构

课堂教学时间的横向结构是指全班集体教学、小组合作学习和集体性个性学习等各种教学组织形式在教学时间展开中的空间组合方式。由于学习目标、具体学习任务和不同学科知识性质不同,课堂教学不仅要科学安排教学的纵向时间,也要合理规划和设计课堂教学时间的横向空间结构。集体性学习时间、小组合作学习时间和集体性个体学习时间区分的一种标准是建立在一种空间和范围基础之上的组合方式。这几种教学组织方式都涉及教师与班级共同活动的外部形态,它们各有长处和短处,适合某一特定任务,但未必适合其他任务。所以,无论哪一种组织形式都不能认为任何时候都可以普遍适用。在教学过程中,教师应该肩负这样的责任,即对于学生的上课状况、个性发展变化以及综合性的学习效果做到随时掌控。这关系到教师教学节奏的调整和教学组织形式的开展,同时也确保了每一个学生都能有效参与课堂教学活动。

(3)课堂教学时间的课堂互动结构

课堂教学时间的课堂互动结构是指各类互动形式所占的时间排列组合方式及其比例。为了适应实际教学的需要,课堂的互动结构既可以分为师生间的多人、双人和教师单向的互动模式,又可以从人际状态性质划分为对抗性的、合作性的和竞争性的课堂互动模式。从互动的参与者来看,课堂的互动又有教师与学生之间单个或群体,以及两者之间的不同组合等五种互动类型。

研究课堂教学时间的课堂互动结构必须引导教师分析自己课

堂教学中各类课堂互动的数量、质量和排列组合方式,坚持从实际情况和具体任务出发,找出课堂互动中存在的问题,并有针对性地进行改善。

（4）课堂教学时间的教学方式结构

课堂教学时间的教学方式结构是指探究学习与表达学习、发现学习与接受学习、技能训练与阅读理解等各类学习方式在课堂中的排列组合及时间比例。课堂教学有效性缺失的重要原因是课堂教学时间的教学方式结构失调。课堂教学时间分类研究应从课堂教学的实际出发,对各类教学方式的排列组合及其时间占用比例进行合理的分析与应用。

2. 教学时间的形式结构

教学时间的形式结构是指构成教学时间系统的形式性要素之间的比例关系和排列组合方式。根据不同的条件,教学时间可分为以下几种类型：

（1）根据时间的价值确定性形式,教学时间可分为个体学术学习时间、专注学习时间、学校分配时间和课堂分配时间。

学术学习时间是指个体学生在课堂教学时间中取得的一种高效率学习,是在学习过程中所学习的知识和技能与其"最近发展区"方向一致而表征的一种学习时间。个体花费在学术学习时间上的长短直接影响着学生的学业水平,学术学习时间就是给学生带来学术进步的学习时间。在课堂教学时间中,个体专注于指定学习活动的实际时间,称为专注学习时间。专注学习时间不仅有质的好坏,更有量的多少,即专注学习时间并不总是积极有效的,实际的课堂教学中,有时学生即使专注于某一活动,也可能只是从表面理解了所学的内容。所以,从治学严谨的角度来说,这一层面的学习可以活跃个体的发展,对于学生能力的提高具有十分重要的意义。学校分配时间是在校总时间中专门分配用于特定教学活动的时间。随着辅助教学活动的开展,学校分配时间的一小部分成了课堂管理时间的一部分。课堂分配时间是学生名义上在校学习的时间总量。鉴于课堂分配的时间包含教学和非教学活动时间,因而在衡量它对于学业成绩影响作用时对其很难进行确定性的评估。

（2）根据学生自主利用时间的多少，教学时间可分为自主学习时间和制度化教学时间两类。

自主学习是指学生根据自己的兴趣喜爱和实际情况，自主确定学习任务和内容、安排学习时间和过程、选择学习方法，以非固定时间单位开展学习的教学形式。学生个体自主学习时间即学生自主支配的学习时间，是学生在没有教师指导的情况下花费在学习上的时间。制度化教学是在学校和教师的指导下进行的，教学的内容、任务是确定的，学习方法、学习时间和过程也是预先安排过的。它是在固定时间内的统一规范教学。

为实现教育的整体性目标，应该搭配运用以上两种课堂教学时间。只有这样，才能充分挖掘学生的个性。

（3）从教学时效高低出发，可以把教学时间分为无效时间、低效时间和高效时间三种类型。

学生在学习过程中，会受到多重因素的影响，如学生知识准备状态和程度、师生创设的课堂教学结构的合理性、自身喜好等方面的差异。课程内容之间的教学效果是不一致的，同一堂课不同时段的教学效果也是不一样的。因此，根据课堂教学时间效率的高低情况可以将教学时间分为无效时间、低效时间和高效时间三种类型。

二、时间管理与课堂教学效率

教学时间管理的好坏主要体现在教学效率上，现代教学理论十分关注教学效益，对课堂教学而言，其效益往往取决于师生在有效课堂时间内收获的教育"成果"。一般来说，课堂教学时间既包括教师教的时间，也包括学生学的时间。在现实的课堂教学环境中，教师的教学时间不一定就是学生的学习时间，教师的教学时间与学生的学习时间之间存在着相交、平行和相离三种状态。只有合理运用时间，在有限的时间中提高教学效率才是正确的选择。课堂教学时间的分配使用可以测量，同时具有规划性，但在具体的教学过程中，人们往往忽视对它的合理安排,缺乏有效的掌控,使得真正用于教学有限时间的利用率大大降低。教师作为课堂教学活动的主导者,应在教学实践中调控课堂教学各环节的时间分配比例,促进系统整体及子系统功能的最大化,提高课堂教学效率。

教学投入的直接表现是教师和学生在时间及精力上的投入,教学产出的直接表现为教学效果。因此,有学者把教学效率用公式表示为

教学效率 = (有效教学时间/实际教学时间) × 100%

美国教育心理学家卡罗尔(Carrol)把时间作为一个研究的课堂变量,提出了"学习程度"时间模式,指出教学效果(学习程度)包括性向、理解教学的能力、教学的质量、毅力和机会五个因素,并且把毅力与机会归类于"所花时间",把性向、理解教学的能力和教学的质量归类于"所需时间",教学时间就是在"所需时间"与"所花时间"二者之间纵横发展。相应地,课堂教学效率也就随着"所需时间"与"所花时间"中的"高效时间"而转动,如果"所需时间"与"所花时间"中的"高效时间"长,那么产生的教学效率就高;反之,则效率低。对学生而言,有效的时间管理能驱使学生朝着有目标的方向行动,对个体驾驭学习时间具有动力和导向作用。其对学生的学习影响是:首先,时间管理能提高学生的积极情绪体验。国内外研究表明:时间管理各维度与积极情绪存在显著正相关,与消极情绪存在显著负相关。其次,时间管理能提升学生的自我价值感。自我价值感(self-worth)作为自我的一个重要维度,是个体在群体社会中,定位和判断作为客体的自我对其他社会主体及对作为主体的自我的一种正向的情感体验。再次,时间管理有利于激发学生的学习动机。相关研究表明,时间管理倾向高分组的同学时间紧迫感强,善于引导与管理时间。在学习和生活中有明确翔实的计划,采用较多的学习时间管理策略意识,会对学习过程进行更多的自我监控,能更全面地根据自己的学习优劣状态来调整所投入的时间比例。对教师而言,科学的时间管理对引导教师在课堂中的教学行为及提高教学效率有重要作用。其作用表现在:第一,改善教师的课堂教学

方式。教师教的方式是指教师在授课过程中比较稳定的教学行为方式和认知方式,表现为教师个人所特有的教学气质和教学倾向性。而科学的时间管理则能影响教师教的意识、教的品质、教的态度等心理及心灵力量等主观因素朝着与师生知识、人格和技能相匹配的方向作用于课堂的教学方式。第二,有助于教师课堂专业技能的提升。教师掌握了科学的时间管理方法和管理技巧,则能对教学内容进行精炼加工,进而能够建构精致的知识框架,彰显课堂授课容量大、教学效果好的优势。第三,促进教师课堂教学效率的提高。教师按照科学时间管理的原则,遵循知识的科学内在连贯性、逻辑性与系统性,以及学生身心发展的规律来安排教学活动,能减少课堂教学中师生间的时间和精力的投入,促进课堂教学效率的提高。

课堂教学时间的有效利用关系到学生的成长和发展。只有合理利用有效的时间,在有限的时间中提高效率才是正确的选择。强化教学流程与课堂教学时间分配的联系,让出时间给学生自主感悟、探究,使课堂教学时间的利用更加合理。课堂教学时间的合理分配和利用是提高课堂教学效果的前提,把握好课堂教学时间的合理分配及管理是构建一个充满生命力的课堂,是提高教学有效性的本质要求。

从课堂教学时间的角度探讨教学效率的深层次原因,对课堂教学时间的结构和质量进行深刻的思考,并系统地阐述课堂教学时间的分配与管理,将时间与教学目标、教学内容、组织形式、教学过程等因素相联系,建立立体多层次、多方位的课堂教学时间分配与管理体系,以有效地指导复杂的教学实践。

三、时间管理与教师专业成长

美国著名管理大师杜拉克说:"不能管理时间,便什么也不能管理。"实践证明,时间管理是事业成功的关键,更是教师专业成长品质提升的关键。

1. 时间管理之于教师专业成长的重要性

《心理学大辞典》对时间管理的解释为:"个体为有效利用时间资源进行的计划和控制活动。即要在同样的时间消耗下,为提高时间的利用率和有效性而进行的一系列工作。其目标是要使人们从被动地、自然地使用时间转移到系统地、集中地、有目的地、有计划地主动分配使用时间,从而进行高效的、富有创造性的劳动。"黄希庭等人从人格视角出发研究时间管理并提出时间管理倾向概念,认为时间管理倾向是个体在运用时间方式上所表现出来的心理和行为特征,是一种人格倾向,具有多维度多层次的心理结构,它由时间价值感、时间监控观和时间效能感构成,是价值观、自我监控和自我效能在个体运用时间方式上的心理和行为特征,即时间维度上的人格特征。教师专业的成长是指教师在工作实践中的教育思想、知识结构和教育教学能力的不断提升、不断完善的持续过程,一般要经历学习积累、拓宽发展、完善成熟、改革创新等阶段。伯利纳认为,教师专业成长一般要经历新手教师(2~3年)、熟练新手教师(3~4年)、胜任型教师(5年左右)、业务精干型教师和专家型教师五个阶段。一名新教师在理想状态下成长为专家型教师需要15~20年,而实际上有相当一部分从教多年的教师,长期徘徊在第二和第四个阶段之间。也就是说,并非每一位教师都能自然地成为专家型教师,因此,专家型教师属于稀缺的教育资源。在专家型教师的专业成长过程中,有效的时间管理至少具备以下作用:一是保证目标指向正确。将目标明确定为专业发展目标的教师更容易成长为专家型教师。二是增强职业成就感。目标明确、规划得当,掌握一定的时间管理方法,对时间进行有效的利用,有助于提高教师学习和工作的效率,增强其职业成就感。三是提升专业成长的品质。善于管理时间的教师,不仅能够出色快捷地完成教育教学任务,取得良好的工作成绩,还有更多的时间不断地学习新知识和技能,完善自己的知识体系,促进自身的专业发展。四是提升生活品质。良好的时间管理能力有助于教师有条不紊地应对工作与生活,有助于其身心健康发展,克服职业倦怠,从而确保教学相长的成效。

2. 教师个人时间管理策略

（1）根据象限法则培养优先意识

在教师的工作实践中，很多教师往往不分主次，认为每件事都要做而且都要做好，而时间又不够，所以经常感到困扰甚至身心疲惫。如果把所有的事务按重要性、紧迫性两种属性排列，可以分为四类，或称四个象限。第一象限：A 类，既重要又紧急的事务，如解决急迫的问题、处理危机、完成有期限压力的计划等。第二象限：B 类，重要但不紧急的事务，如个人专业成长、与家长建立信任关系、排除安全隐患等。第三象限：C 类，不重要但紧急的事务，如接待不速之客，处理某些信件、文件、电话等。第四象限：D 类，既不重要也不紧急的杂事，如一些可做可不做的杂事，不必要的应酬等。根据时间管理的象限原则，应按照 B－A－C－D 的顺序，把更多时间集中到重要但不紧急的事务上来。若解决得好，重要但不紧急的事务就会越来越少。

因此教师要培养优先意识，在认识工作目标的基础上，根据各项工作的重要程度和必须完成的时限提出处理事情的先后顺序、分出事情主次，明确哪些事情是着急办的，哪些事情是可以放一放的，哪些事情是必须自己做的，哪些事情是可以交给学生做的，哪些事情是个人事务应当放在其他时间完成的。然后把主要时间和精力放在处理重要的事情上，抓住了处理重要问题的时间，就提高了时间管理的时效。如专业成长就必须列为 B 类事务，由教师亲力亲为，授权是无意义的，放弃也是不应该的。因此，应该合理安排教育教学工作和教师专业成长的相关课程的学习，从而抓住主要矛盾，达到教学相长的目标。

（2）订立科学的目标策略

首先，学会合理确定目标，目标是行动的指南。学习目标的确立，应注意以下几点：一是增强目标意识，在对自己实际情况比较科学的估计和预测的基础上，自主而实事求是地制订切合实际的目标。二是目标必须具体可测。三是目标要分层渐进。教师的专业成长亦如赛跑，必须分层次、分阶段地设定目标，渐次推进。

其次,学会授权。每天只有 24 小时,如果每一件事都亲力亲为还要做得最好,那是不可能的。在教育学生和管理班级的过程中,教师要善于发挥学生的主体性,学生能够完成的工作尽量让学生自己来完成。这在时间管理方法上叫作"授权"。当然,学生是发展中的人,知识与技能等各方面还不够成熟,所以教师不能简单地把工作的权力下放,而应在学生力所能及的条件下,在下放权力的过程中,教学生如何完成工作的方法。同样,在个人生活中也可以通过合理授权给他人,从而减轻自己的时间负担,得到更多时间用于个人专业的成长。

再次,学会协作共进。教育教学活动需要教师之间、师生之间、教师与家长之间互相学习、团结协作、取长补短。为此,教师必须正确认识协作增效的价值,建立良好的人际关系,发现与培养志同道合的朋友,通过与同事、学生、家长协作,相互支持、相互帮助,提高教学工作效率,顺利完成教育教学任务,同时节约大量的时间。协作过程中要懂得与人分享,一个不懂得与人分享的合作者不可能取得真正的进步。

（3）节约时间的策略

日本专业的统计数据指出:人们一般每 8 分钟会受到 1 次打扰,平均每次打扰大约是 5 分钟,每天总共大约 4 小时,其中 80%（约 3 小时）的打扰是没有意义或者极少有价值的。而人被打扰后重拾原来的思路平均需要 3 分钟,每天大约就是 2.5 小时。也就是说,每天因打扰而产生的时间损失约为 5.5 小时,按 8 小时工作制计算,这占了工作时间的 68.7%,所以说打扰是第一时间大盗。教师每天受到的打扰主要来自学生、同事、家长以及社会上的不速之客,这些打扰占其每天时间的很大比例。这就要求教师必须学会拒绝打扰,对于无意义的打扰要学会礼貌地拒绝:一是按照自己效率最高的作息规律安排时间。每天可以安排固定时间用于接待家长,也需要提醒家长、同事要互相珍视对方的时间,不要随意打扰对方。二是了解自身生物钟,科学使用时间。生物钟决定一个人什么时间效率高、什么时间更容易集中精力,因此,合理利用最有效率的学习时间是高效学习的关键。三是要保持最佳学习状态与工作状态,除了保证充分的休息之外,还要加强体育锻炼,每天挤出一定时间锻炼身体,以切实提高效率。同时,教师应营造良好的家庭学习环境,置身于一个能促使自己专心学习的氛围之中,可以有效提升自身专业成长的速度。此外,还可以通过合理使用"十分钟",重视并学习高质量的休闲来节约时间、充实自我,促进自己的专业化发展。

四、教学时间管理中教师的作用

"三分教学,七分管理。"这句话的意思是说教学活动中,有效地管理是实施有效教学的关键。在教学中,经验丰富的教师首先关注的是如何更有效地进行教学管理,从而达到事半功倍的效果。

课堂时间的有效利用和开发是有效教学的一大要素。教师的课堂时间管理意指教师对于课堂时间的预设、重组、引导、调控和反思等管理活动。教学时间可以分为四个层次:第一层次为分配时间,即课表规定的某一课程的教学时间,指导全班学生参加学习的机会;第二层次为教学时间,即教师实际用于教学内容的时间,指教师在完成常规管理任务后用于教学的时间;第三层次为投入时间,即学生实际上积极投入学习或专注于学习的时间,它是每个学生实际花在学习功课上的时间;第四层次为学业学习时间,指学生完成学业功课所花的时间。研究表明,学生课堂学习时间,即投入时间和学业学习时间,与他们的成绩呈明显的正相关。教学的质量并不是花的时间越多越高,而是与学生在有效的教学时间内真正投入学习的时间成正比。

时间就是效率,时间的管理是教学管理的重要内容。教师必须对教学时间进行有计划的安排和有效的支配,我们在教学实际中往往忽视时间管理,存在一些比较突出的问题,具体的表现有导言时间长、课堂节奏拖沓、废话多、板书多、讲授多,让学生讲的和思考的时间少。教师要通过合理地支配时间,使单位时间发挥最大的效益,因此,课堂教学时间的管理是有效管理的重要组成部分,是提高课堂教学效益的重要环节,教师必须具备一些课堂管理的基本策略。第一,明确教学进程中的时间分配。教师在备课时就应该把教学时间的管理纳入其中,课堂教学时间的管理要科学,但没有一个固定的模式。教师要对各个教学环节规定时限,在不同的教学时间段明确教师该做什么、学生该做什么,何时安排师生之间、生生之间的互动。有了这种详细的安排才能使课堂保持一定的教学节奏,不至于产生时间分配的随意性,使每一个时间段的目标任务更加明确。第二,把握学生学习的心理活动规律,科学运筹时间。每节课的前20分钟,学生的精力最旺盛,学习效率最高。因此,一节课的开头精彩,会让学生很快地进入角色。教学内容的重点、难点也应该尽量在前20分钟完成,后20分钟应该重在对学生学习的巩固、检测和反馈。当遇到课堂上的破坏性的情况,尽量要用课堂上的空隙去处理。

教师对课堂时间的有效管理具有突出的功用。具体表现在:

1. 顺利完成教学任务

有效的时间管理是促进学生成功地投入学习的一个关键因素,教师必须用心设计。但是课堂时间的管理过程并不是一连串事件的简单组合,教师必须充分利用自己的直觉和智慧,根据学生对知识的掌握情况予以调节。首先,要加强对学生学习的监控,慎用自学法。在教育过程中,教师对学生无论从哪个意义上讲都起着主导作用,教师的教学组织和教学策略,对增加学生学习的有效性和减少学生学习的干扰都起着非常重要的作用。研究表明,教师授课时学生的参与度比学生自习时的参与度要高,这是因为教师在授课时能较大程度地对学生进行监控,这是影响教学效果的一个重要方面。一般而言,教师增加监控,学生投入学习的时间也会增加。据统计,受监督的学生只损失5%的时间,而不受监督、自己独自学习的学生则会损失15%的时间,并且从一个活动过渡到另一个活动还要花去10%的时间。因此,教师为争取学生投入更多的时间学习,就需要在课堂教学时增加对学生的监控,尤其是在使用自学法时,更要做到有效地监督,合理适时地指导,绝不容许有放任自流的倾向。其次,要加强语言组织能力,提高教学语言的有效性。教师的语言是教育的媒介,是教师向学生传递教学内容的重要工具,提高教师教学语言的准确性和有效性,旨在使教师的语言能达到沟通和交流的目的,做到既要能清楚、流畅地把话说出来,又要能准确地表达自己的想法和意见,达到用词准确、表达清晰、有条理、有组织,让学生听起来能明白教师所提问题的关键,理解教师对概念原理的阐释,在教师引导下懂得自己将要做什么及应该如何做。如果教师含糊其词、只言片语,或是语言模棱两可、颠三倒四,不但达不到教学沟通的目的,反而会使学生不知所措而浪费宝贵的时间。

2. 提升学生的元学习技能

元学习意指学习者感知、探究、学习和成长的内部意识与控制习惯。学生元学习技能的发展必须具备几个基本前提,即:具有正确的学习态度和学习动机;学习环境必须具有安全性、愉悦性和支持性;学生必须自己试着去探究有关的概念和原理,必须在具体的情境中运用知识、改变观点并迁移原理。要组织好课堂教学,激发学生的学习兴趣,提高其参与性。这是增加学生投入有效学习时间的最佳途径。

第一,做到教学材料新颖、生动、富有吸引力。课堂管理的一个重要目标是为学生争取更多的时间用于学习,并能使学生把这些时间投入到有价值的学习活动中去,从而提高所用时间的质量。这一问题在很大程度上取决于学生对所学材料的态度。所以,教师要注重增加教学材料的趣味性,激发起学生的学习兴趣,最大限度地把学生的注意力吸引到教学活动中。此外,教师对教学材料的组织还要做到严密、有序,避免使学生感觉茫然而走神。

第二,加强过渡,转换自然,使教学环节紧凑。在教学内容进行转换时,要避免"急转弯",在从一个主题过渡到另一个主题时,要给学生一个信号,使衔接自然流畅,如流水行云,学生也就会自然地随着教师的引导"水到渠成"地转移注意力,从而保持教学的紧凑性、流畅性。

第三,始终使教学水平处于学生的"最近发展区"。学生学习的投入时间与教师所提供学习材料的多样性和挑战性有关。太容易或太难,都不能最大限度地吸引学生的注意力,难以保证学习的投入时间;只有难度水平合适,通过一定努力学生能够完成并体会到成功的喜悦,才会使学生积极主动地投入学习,保证学习时间的质量。

第四,注意提问的技巧。课堂教学的每一部分内容都要保证所有学生有效学习时间的投入。在一个学习集体中,如果没有全体成员的合作与参与,教学活动是不可能成为建设性的活动。所以教师无论何时都要关注所有学生的注意焦点,尽量把学生的注意力吸引到教学活动中。向全体学生提问是很好的办法,但必须做到先提问后点名,给予学生充分的考虑时间,才能发挥其功效。目前,许多教师都不提倡全体一拥而上回答问题,但有些问题能找到学生来回答的数量有限,为了增加学生的投入时间,就要创造机会让学生共同参与,但要时刻关注活动的参与情况,避免大多数学生成为旁观者。

3. 发展教师的教学专长

教学专长是专家型教师在教学领域具有的优于普通教师的杰出能力。教师在不断提高自己的课堂时间管理水平的过程中,能够掌握有意义的认知模式,促使表征问题的不断深入、技能的自动化和有效的自我监控,从而逐渐成为专家型教师。

教师课堂时间管理的出发点和归属点在于促进学生的有效学习。教师要成为课堂时间的规划者、调控者和生成者,使学生在课堂时间中也占有一席之地。这就要求教师做好课堂时间的规划,超越有限的课堂时空,把握教学时机,实现教学方式的转变,形成独特的教育智慧。

五、教学时间管理中学生的地位

早在 20 世纪初,西方学者就提出了课堂中教学时间的问题,认为时间是影响课堂教学成效的重要变量。卡罗尔认为,就某一特定学习任务而言,学生学习程度是学生所用时间与所需时间之间的比例函数。所用时间是指学生定向于学习任务并积极专注于学习的时间,由所需时间与毅力两个因素构成;所需时间取决于学生能力倾向、理解教学能力和教学质量三个因素。能力倾向指在最优教学条件下掌握学习任务所需的时间。布卢姆继承了卡罗尔的这一思想,提出了自己的学习模式。他认为要提高学生的学习程度,一方面,可依照学生不同需要提供相应足够的学习时间;另一方面,减少学生所需的学习时间,而所需时间取决于学生的认知准备状态、学生情感准备状态和教学质量三个变量。认知准备状态是指学生掌握已学过的、完成新学习所必需的基础知识技能的程度;情感准备状态指学生参与学习过程的动机激发程度;教学质量指教学适合学生的程度。此后,哈尼施费格和威利尝试性地提出了教学对学生学业成就的影响以时间为中介的作用机制,提出了积极学习时间的概念,即积极学习时间是专注时间与分配时间的比值。伯利纳等人提出了学术学习时间的概念。所谓学术学习时间,是指学生专注于适合自己水平的教学活动并达到较高掌握程度所用的时间。

《基础教育课程改革纲要(试行)》提出:"改变课程实施过于强调接受学习、死记硬背、机械训练的现状,提倡学生主动参与、乐于探索、勤于动手,培养学生搜集和处理信息的能力、获取新知识的能力、分析和解决问题的能力,以及交流与合作的能力。"这就是要转变学生单一的、被动的学习方式,发展自主、探究与合作的学习方式,使他们成为学习的主人。在实际的教学中,要实现学生学习方式的转变,首当其冲的就是要转变教师的教学观念,改进教学方式。美国学者汉耐尔对中学物理课的课堂师生互动时间做过相关试验,根据试验结果,他认为为了使课堂提问产生理想的教学效果,应该将 1/4 的教学时间用于课堂提问。也就是说,在 45 分钟的课堂中至少有 11 分钟的时间应该作为师生互动时间,这里的互动包括教师提问、学生回答及教师的反馈。20 世纪 90 年代后期,我国学者郭道胜和袁致伟通过黄金分割规律来研究课堂教学时间的合理分配,结果表明:课堂教学黄金分割时间为 28:17 或 27:18,即教师讲解不超过半个小时,师生互动和学生参与的主体活动时间为 17 或 18 分钟。

1．学生学习的独立性和自主性

所谓自主性就是尊重学生学习过程中的自主性和独立性——在学习的内容上、时间上、进度上给予学生更多的自主支配的机会，给学生自主判断、自主选择、自主承担的机会。学生不再是孤独的学习者，而是愿意与同伴一起合作学习，与人分享学习中失败与成功的体验。不管是接受学习还是探究学习、个体学习还是合作学习，都要体现学生的独立性和自主性。但在新课程实施过程中，有些教师仍固守传统狭隘的课堂教学观，认为课堂教学就是以固定的时间单位组织教学的制度化体系，因而在教学时间分配上存在着教师支配一切的单向利用，学生缺乏自我选择、自主学习的机会。有些教师虽能意识到学生自主学习的价值，在教学中留出时间让学生开展自主学习活动，但却把学生的"自流"当"自主"，对学生的学习不做指导、不提要求，更没有及时检查和反馈，很少注意引导学生加强自我调控学习和提高时间管理的能力，这必然会影响课堂教学的效率和质量。因此，必须变革单一的"制度化"课堂教学时间结构，把制度化学习时间与学生自主学习时间、教学时间的统一性和学生学习的自主性结合起来，加强学生自我调控学习，提高学生自主学习质量，从而使有限的教学时间发挥最大的育人功能。

2．学生学习的主动性

主动性就是学生积极主动地掌握学习的主动权，根据自身的实际来选择探求蕴藏在教材中的知识。学生是学习的主观因素，"主动"一词在《现代汉语词典》中的解释就是：不待外力推动而行动，与"被动"相对。它是内在动力的外在表现，是指个体根据一定的目的，在主体意识的积极配合下探索的活动。所谓学习的主动性是指学生在主体意识的支配下，有目的的、自觉自愿的学习。培养学生学习的主动性，是以教师的科学指导作为前提条件，是学生主体性的要求。学生主动学习，是教育教学活动的中心，是教育的基本方式和途径，是素质教育的本质要求。

哈尼施费格和威利在卡罗尔和布鲁姆研究的基础上对课堂教学时间结构做了进一步的细化工作，提出了较为激进的观点：要想让学生学会任何事情,只能通过学生主动的、努力的学习才能实现;学生主动学习的行为对学习成绩产生影响,起决定性作用,这种影响是间接进行的。换言之,所有能够对学习效果产生影响的变量(包括教师的教学技能、教师与学生的智力水平、教师教学计划、教学所用材料、课堂教学时间分配策略或其他的因素)只有通过学生积极主动地投入学习行为才能发挥其对学生的影响作用。

因此,应强化学生自觉利用时间的观念。对每个学生而言,课堂时间都是一样的,但是学习效果却千差万别。课堂教学的真谛是帮助学生发现自身的需要与不足,形成各自的问题并探究问题解决的办法,使学习的意义在原有基础上进一步拓展和深化,使课堂教学更富于创造性。因此,教师除了有效地管理时间外,还应向学生强调课堂时间的重要性,让学生树立自觉利用时间的观念,而时间利用的自觉性源于正确的学习目的。对学生提出的要求,只有在学生头脑中内化为需要时,才能产生自觉提高时间利用率的行为,否则只能是被动应付。

教师有效利用时间促进教学的路径主要有三种:第一,指导学生学会学习。这种路径旨在巩固和发展学生的学习能力,使学生掌握学习方法,养成学习习惯。第二,鼓励学生之间的合作学习。这种路径旨在发展和维持学生个人与其文化之间的联系,通过合作学习,在学生间建立起亲密的人际关系。第三,引领学生的建构学习。这种路径旨在让学生寻找自己学习的意义,在情境和机遇中建构知识体系、发展学习的能力。教师只有转变教学方式,才能有效利用课堂的既定时间,降低课堂的损耗时间,确保学生身心投入有效学习时间。这三种教学路径突出了学生的独立性、自主性和学习的主动性。

第三章 地理教学中的时间管理现状及研究

第一节 地理教学时间管理概述

高效的地理教学是指在地理教学过程中，教师采用各种方式和手段，花费最少的时间，投入最少的精力，尽可能取得最好的教学效果，实现最优的教学目标。高效的地理教学是每一位地理教师追求的目标，也是当前深化地理课程改革的关键和要求。课堂教学的科学管理是课堂教学有效性的重要保证，因此，要保证地理教学的有效性，教师在地理课堂教学管理上，必须注意合理安排课堂的教学时间；坚持时间效益观，最大限度地减少时间的损耗；建立合理的教学制度，将教师和学生可能造成的对时间浪费的人为因素降到最低，保障规定的有限教学时间落到实处，提高时间的利用率；把握最佳时域，优化教学过程。

一、地理教学时间管理的提出

2014 年，《教育部关于全面深化课程改革落实立德树人根本任务的意见》中指出：经济全球化深入发展，信息网络技术突飞猛进，各种思想文化交流交融交锋更加频繁，学生成长环境发生深刻变化。青少年学生思想意识更加自主，价值追求更加多样，个性特点更加鲜明。国际竞争日趋激烈，人才强国战略深入实施，时代和社会发展需要进一步提高国民的综合素质，培养创新人才。可见，种种趋势都进一步要求中国人需要有适应多元化世界的价值体系和道德体系，以及相应水准的人文、科技素养。这对我们通过学科教学渗透 STS 教育,提出了全新的要求。

STS 教育是指以"科学—技术—社会"为交集的教育,始于 20 世纪六七十年代西方发达国家。当时,美国许多著名的大学先后成立 STS 研究中心,专门开展对科学、技术和社会三者之间相互关系的研究,并开设了 STS 课程。STS 思想由大学教育开始,逐步向中小学科学教育课程渗透。在这个过程中,也有许多人对科学教育的 STS 改革持反对意见,尤以 20 世纪 80 年代在美国产生的一场关于 STS 教育的争论较为激烈,这场争论到 20 世纪 90 年代逐渐冷却,通过争论,人们对 STS 教育思想有了更为清晰的认识。作为新的科学教育思想,STS 教育在美国的历次科学教育改革中逐步得到实践的验证。我国的 STS 教育研究起步较晚,中央教育科学研究所于 1985 年举行了中学理科教师 STS 教育研讨会,这是我国科学教育界广泛关注 STS 教育的开始。随后,一些高等院校和中学开始试验 STS 教育,STS 教育的相关书籍和论文开始出现。21 世纪初,国家开展了新一轮的基础教育课程改革,在这场浩大的课程改革中,STS 教育的思想理念也广泛地体现在各学科的课程标准和教材编写中,高中地理课程标准中的许多理念与 STS 教育思想相一致,根据课程标准编订的高中地理教材也具备一定的 STS 教育的特征。

STS 教育强调科学、技术和社会三者之间的结合,强调学生的参与,强调科学内容的社会性、应用性和乡土性。STS 教育的基本精神强调各科教学应与本学科的科学与技术的发展结合,与当前的社会生产和生活结合。教师通过阐述科学、技术、社会三者之间的关系,把学科教学与本学科的科学技术在社会生产、社会生活中的应用结合起来,不仅使学生获得各学科较扎实的基础知识,而且培养了学生分析问题、解决问题的能力。简言之,它是一门科学、技术和社会关系的交叉学科。它重视科学知识在社会生产和生活中的应用,强调知识的实用性和社会价值,强调教学内容的科学化、社会化,注重培养学生从实际问题出发进行学习。

STS 教育的目的是要根据社会的需要培养新型人才,使学生深刻理解技术本身及其对人类和社会的影响。STS 教育是以对科学、技术、社会相互关系的理解为出发点进行的科技和人文社科知识以及科技与社会关系的教育,其目的是为培养新型人才奠定完善合理的知识结构,并使受教育者形成新的 STS 意识和 STS 价值观,成为能够分析处理现实社会种种问题的新型的综合性人才。

对于兼有自然科学与社会科学性质、具有综合性和地域性特点的地理学科来说,渗透 STS 教育具有突出优势。具体进行地理学科渗透 STS 教育实践活动时,案例教学是一个适合的平台。案例教学架构组成的每一个环节,即案例主题选择、案例信息获取、案例资料分析、识别案例问题、明确探究方法、得出研讨成果,都能有机地融合 STS 教育。在案例教学中,学生的学习活动是真正被关注的中心,教师的角色就是唤起学生的兴趣,激发他们积极参与,鼓励学生自主思考、自主交流、自主学习,最终总结或提炼要点。案例教学中,教师选定案例主题,由学生利用多元化的技术手段,收集案例信息,并在阅读案例内容的基础上,借助技术手段寻找并提出解决问题的策略,表达自己的观点,发挥其较大的自主性,使学生获得学习成就感,进一步激发他们的求知欲,让课堂教学更高效,即"满足学生探索自然奥秘、认识社会生活环境、掌握现代地理科学技术方法等不同学习需要""重视对地理问题的探究""强调信息技术在地理学习中的应用"。

因此,教育组织形式必须多样化,冲破传统的封闭式的课堂教学模式,实现形式的多样化。教师在教育实践的时间管理上也要更加灵活开放。教学要贯穿 STS 教育理念,密切联系学生的生活环境,课前认真分析研究各章节的知识点,充分挖掘地理教材中可以进行 STS 教育的渗透点,合理组织渗透内容,设计科学有效的渗透方法和途径,同时兼顾课内和课外、校内和校外。要让学生有自我管理、独立学习的意识,提高学生的自我效能感,必须对各个环节所涉及的时间进行科学、细节化的管理和研究。

地理教学时间管理是地理课堂教学管理的重要内容。地理教学时间管理是以实现教学为目标,地理教师在一定的教育观指导下,通过实施有效策略,对课堂教学活动的时间进行科学预测、系统计划、合理分配和适时调控的过程。具体包括两方面，即教师对地理课堂组织时间的管理和地理教师教学活动时间的管理。其中，教师对地理课堂组织时间的管理包括教师用于维持地理课堂教学秩序所用的时间和地理教学环节过渡所用的时间。地理教师教学活动时间由五部分组成：一是教师讲授的时间；二是学生自学的时间；三是师生互动的时间，包括教师提问的时间、教师提问后给予学生回答机会的时间（即候答的时间）、学生回答问题的时间、教师的解答时间；四是小组活动的时间，包括教师安排小组活动任务的时间、学生执行小组任务的时间、学生汇报学习成果的时间、教师评价小组活动的时间；五是地理课堂练习与检测的时间。

　　中学地理教学时间管理一直是广大地理教师比较关注的问题，中学地理教学改革的出发点和归属是提高教学质量。如何在有限的课堂时间里，高效地管理教学时间，以确保教学任务的顺利完成，并能确保学生在学习的过程中表现出浓厚的兴趣和积极性，促进学生自主学习能力的发展，成为教学的难点。我国现阶段的中学地理教学依然采用的是传统的"以教师为中心"的教学模式，在这种模式中主要由教师主导课堂，严格控制上课时间，把握教学进度。学生习惯于教师在讲台上挥汗如雨，自己在下面记笔记。教师讲得激情四射，基本完成了知识的传递工作，但并不能保证学生综合能力的发展；教师讲得略显单调，学生则开始神游，收获甚少。在这种情况下，即使教师把自己的教学时间控制得再好也无法完成教学任务。而自主学习理念主导下的"以学生为中心"的教学模式则能顺利解决这些问题。在新的模式下，学生是学习的主体，教师更多地充当后台控制和辅导者的角色。教师根据教学进度的安排和学生不断变化的能力水平合理安排教学时间，给学生分配适当难度的任务，让学生通过查资料、练习来掌握知识，并给他们一定的展示机会，使他们在学习过程中找到自信心和成就感，从而提高学习效率。但是在新的教学模式下，教师很难较好地控制教学时间，往往会使整个课堂陷入混乱，不易达到教学的目标要求。因此，地理课堂教学时间管理的研究显得更为重要。

二、地理教学时间管理的意义

1. 地理教学中 STS 教育的意义

我国正处在经济高速发展的阶段,科学技术正发挥着越来越重要的作用,新技术的应用促进了经济的大幅度增长,但也在重复着西方国家工业化给社会和环境带来的一系列问题。中国加入世贸组织、北京奥运会的举行、中国走向世界、世界走近中国、经济全球化和世界一体化的发展,都需要我们有一种良好的道德风尚,适应多元化世界的价值体系和道德体系,以及相应水准的人文、科技素养。这就要求我们在学科教学中渗透 STS 教育,从而使学生从不同的文化视角来看待科学、技术的发展,从不同的文化视角来认识和理解现实世界。

传统的地理教学基本上是"三尺讲台,一支粉笔,一言堂",即以教材和教师作为教学中心、适应平均水平的学生的群体教学、灌输式教学,同时过分强调对学生应试技能的训练。这种方式抑制或束缚了对学生个性、创造力和人文精神的培养,与素质教育和创新教育的理念背道而驰。而 STS 教育的特点是以学生为中心、注重个别化和个性化、使用各种各样的资源、对问题和主题进行合作性探讨。教师围绕问题和主题设计教学,鼓励学生提出观点、与他人交流合作,有效地发展学生综合思维能力、实践能力、培养人文精神,从而提高学生的综合素质,这也是 21 世纪新课程改革的基本要求,是中学地理新课程的基本理念之一。

地理科学是兼跨文科和理科的综合性科学。自然地理与数、理、化、生等学科关系密切,人文地理与史、政等学科密切相关,即地理科学融自然和人文于一体。人地关系是贯穿整个地理科学体系的主线,是地理科学研究的价值取向,是地理教育的根本指导思想。无论是自然地理研究的四大系统即宇宙环境、大气环境、陆地环境、海洋环境,还是人文地理研究的资源、工业、农业、交通、贸易、人口、城市、环境和可持续发展等内容,都涵盖了人与自然、人与社会之间的密切关系,都体现了科学、技术、社会三者之间的相互关系。

《全日制普通高中地理新课程标准》明确提出了"关注人们生产生活与地理密切相关的领域,突出地理学的学科特点与应用价值以利于开阔学生的视野,进一步提高学生的科学素养与人文素养"的课程发展思想。对于高中地理课程而言,强调把学生培养成为既懂地理知识又了解自然与社会,并能参与人地关系决策的社会人才,主张自然地理、人文地理与地理信息技术相结合,互相渗透,使地理教育适应现代社会的需要。可以说,地理教育与STS教育的理念是高度一致的,二者的融合对于促进学生全面发展、丰富学科教育内容及促进地理教育理论发展具有重要意义,既符合学科发展的需要,也是基础教育发展的必然。

总体而言,中学地理教学渗透STS教育可以提高学生的科学意识和科学知识,可以提高学生的技术意识和实践技能,可以提高学生的社会意识和服务能力,从而培养学生正确的社会观。

(1)更全面地达成多维教学目标

STS教育在科学技术和社会的关系上,更强调价值取向。课程标准中提出了从"知识与技能""过程与方法""情感态度与价值观"三个维度进行教学,这三个维度在实施过程中是一个有机的整体,不能机械、教条地加以分割,但在应试教育的背景下,很多教师忽略了情感态度和价值观教育。STS教育的形成本身就是人类自我价值观的转变,有很强的自我批判意识。所以,地理教学渗透STS教育,正可以弥补应试教育的这一缺陷,让学生得到全面提升。

(2)从注重知识体系到注重探究过程

STS教育不仅仅是了解科学知识、记忆科学结论,还要培养学生进行科学探究的能力,培养每个公民都应具有的科学素养。探究的过程是学生主动参与、主动体验的过程,是收获知识和获得成就感的过程,能充分体现学生的自主性、主动性,对学生的终身发展非常有利。

(3)有利于提升学生的地理素养

地理素养,是一个人通过训练和实践而获得地理知识、地理技能、地理能力、地理意识、地理情感等的有机构成与综合反映,而不仅仅是考试能力。地理素养不仅影响学生后续的高等教育,而且对将来的职业发展都会产生有益的影响。渗透 STS 教育的地理教学重视知识联系并关注实践;以学生为中心,创设生活情境,最大限度地提高学生学习地理的兴趣;让学生有独立的地理思维判断能力,能正确认识教育和创新对国家产业升级的重要意义;正确评价"一带一路"对我国发展的重要性;能够欣赏自然风光之美,以及安排旅行路线与时机;具有丰富的躲避自然灾害的知识和应对能力;可以客观分析日本的核电站事故对日本及周边国家人民健康和经济活动的长期影响;认识到全球气候变暖对人类社会和热带雨林的破坏,以及对全球气候可能产生的不确定性;等等。

2. 地理教师优化时间管理的意义

由于 STS 教育的内容涉及科学、技术、社会多个方面,这就决定了 STS 组织形式必须多样化,在教学时空两方面都实行开放式教学。以地方、全国或全球与科学和技术有关的社会问题来设计教学,让学生对与科学、技术有关的社会问题产生兴趣和好奇心,以科学概念、科学过程和科学态度寻求解决问题之道,并将其应用于对社会问题的决策上。因此,在教学过程中要联系生活实际和社会时事,开展合作、探究式学习。

地理课堂教学时间的有效利用和开发就是实施教学的关键要素。课堂时间是教学工作的重要资源,也是师生生命流淌的进程。课堂时间管理是教师从事教学活动的必备技能,也是考查教师教学效果的重要指标。教师只有关注课堂教学时间管理,关注学生真实的学习过程,并有效组织课堂教学,才能实现地理教学时间和学习时间的最优化,从而提升地理课堂教学的有效性。

提高地理教学效率的实质是在单位时间内获得最大的教学成效。为此,必须优化地理课堂教学时间管理,充分发挥教学时间管理的综合效用,向 45 分钟要质量。影响地理课堂教学效益的因素很多,通过对现今地理课堂教学的深入调查,发现如何对课堂教学时间进行合理而有效的分配与管理已成为一个不容回避的重要问题,同时也是影响地理教学质量的关键因素之一。在地理教学中引入时间管理可以给教学带来崭新的思路,让教学变得更加科学、更加高效。

（1）增强地理课堂教学时间意识

增强教师课堂时间意识,并将此意识贯穿于整个教学过程中,对于实现有效性教学意义重大。如教师是否有严格按学校规章按时到教室授课的意识;是否有课前拟订课堂时间流程表,合理规划课堂时间的意识;是否有课中充分利用好每一分钟的意识;是否有课后对课堂时间管理存在的问题进行反思并做相关改进的意识;等等。这些均是整个地理课堂教学的有效保障。

（2）减少地理课堂教学时间浪费

据心理学家研究,一节课中学生思维活动的最佳时间是前 5～20 分钟,该时间段是课堂教学的最佳时域。抓住课堂教学时间并不等于满堂灌,必须要松弛有度,掌握好教学节奏。地理课堂教学过程中,教师要通过细致的观察,与学生进行及时、充分的交流,了解学生在地理课堂学习中的具体情况,并以此为依据进行教学节奏的调整,使课堂教学朝着良性的方向发展。一节课的 15 分钟之后,教师必须通过问题情境的变化来调整教学节奏,通过创设不同问题情境的方式组织和引导学生去不断地运用知识,此时所呈现的问题既要有一定的梯度,又要有适当的重复,这种课堂教学节奏的变化可以使学生比较长久地保持一种积极的思考状态,达到提高学生有效学习的目的。

（3）合理分配地理课堂教学时间

上好一节课,就必须在课前对学生课堂时间进行合理规划。一节课只有 45 分钟（或 40 分钟）,若教师规划不当,则不能在既定时间内完成教学目标和任务。具体来讲,就是教师要根据教学流程,合理分配好导入部分、授课部分、总结部分各环节的时间,从而提高课堂时效性。

总之,地理课堂教学时间的有效性直接影响新课程的推广,是地理教学的生命。我们要认真剖析其存在的问题,找出问题的关键所在,并予以解决,为 STS 教育的顺利进行添砖加瓦。

三、地理教学时间管理的研究

很多著名的教育家都对时间管理有着深刻的研究,如夸美纽斯、斯宾塞、赫尔巴特等。夸美纽斯是现代教育学的奠基人,他倡导的班级授课制实现了教师在单位时间里可以同时对较多的学生进行教学活动,在很大程度上提高了教学的效率;斯宾塞认为教学的诀窍是怎样聪明地利用时间,在教学中教师要尽量少讲,引导学生多发现,从而提高学生学习的主动性;赫尔巴特特别强调培养教师的课堂规划能力和课堂时间利用能力,他的学生根据赫尔巴特的研究把课堂教学分为五个阶段,即预备、提示、联合、总结和应用,使教学时间得到了精确的利用,极大地提高了教学效率。这些早期的教育家们虽然没有深入研究地理教学时间管理问题,也没有明确提出地理教学时间管理的概念,但是他们的教学理论蕴含了丰富的课堂教学时间管理的思想,对地理课堂教学时间管理的研究起积极的推动作用。我国对教学时间管理的研究起步较晚,大约从 20 世纪 90年代后期开始,研究成果也是论文居多,专著较少,比较著名的是郑杰斌编的《教师的时间管理艺术》。该书主要论述通过提高教师的时间管理能力来提高教师的工作效率、效果和效能,促进学校的发展,进而促进学生的全面发展。

从已有的研究来看,研究者们都十分重视学生专注于学习并努力完成具有一定难度的学习任务的时间,认为这是学生集中注意力进行认知建构的重要时间段,布卢姆称之为"用功时间",卡罗尔称之为"学科学习时间"。地理课堂教学时间管理的关键就在于教师对学生"学科学习时间"的把握和利用。也就是说,教师怎样依据学生的个人能力倾向,结合教学内容,将学习任务的重点和难点置于学生的"学科学习时间",以提高学生学习的功效,而仅仅通过增加学生的学习时间量是无法真正提高其学习效率的,恰恰相反,这可能导致学生的学习疲倦,注意力分散,兴趣下降等,从而降低其学习成效。当然,地理课堂教学时间并非也不可能都是学生的"学科学习时间"，还包括组织教学时间、常规教学事务安排时间，以及课堂秩序维持时间等。所以，地理课堂时间管理是针对教学过程中的所有时间，关键是学生的"学科学习时间"。

地理课堂教学时间管理研究对于学生的学习和成长起到至关重要的作用，它能够提高学生的学习效率、减轻学生的学习压力，对教师工作压力的减轻也大有裨益。教师通过课堂教学时间管理，发现教学过程中存在的问题，探究摸索如何更加有效地进行课堂教学时间管理并归纳总结出相关策略，从而在课堂教学中对时间管理进行有效预设，使学生在新型教学模式下能够因有效课堂教学时间管理的作用发挥潜力、创新思想、合理安排时间、珍惜时间，并最终提高学习成绩。

四、地理教学时间管理的分类

关于课堂教学时间管理分类的研究，国内外学者站在不同的视角进行了探讨，总体上经历了一个逐渐深化和完善的过程。卡罗尔时间管理模型、布卢姆模型、伯利纳和费希尔研制的"初任教师评价研究模型"等，均对教学时间管理及其分类研究做出了贡献。国外学者普遍认为，教学时间的分类大体上分为名义时间（即学生在学校里度过的时间）、支配时间（即在校时间中用于课堂教学的时间）、教学实效时间（即课堂中用于教授学科知识、概念和技能所用的时间）、专注学习时间（即学生关注并努力去完成学习任务所用的时间）和学术学习时间（即专注学习时间的一部分，具体地说就是指学生用于完成一定难度的学习任务并且获得较高水平的成功体验的专注时间），教学时间的效率和质量主要取决于后三类时间的放大程度。国内学者认为，若从纵向教学环节看，课堂教学时间可以划分为复习旧知识时间、导入新课时间、讲授新课的时间、巩固教学的时间、作业练习的时间等；从教学时间性质看，课堂教学时间可以划分为边缘时间、中介时间与核心时间；从教学目标维度看，课堂教学时间又可以分为知识与技能获得的时间、过程与方法实践的时间、价值观体验与情感态度的时间。从学生学习方式视角看,课堂教学时间可以划分为自主学习的时间、探究学习的时间、合作学习的时间等。由此可见,由于视角的不同对课堂教学时间分类也有较大的差异。

以上分类为我们提供了重要的启示和借鉴。从主体活动的视角将课堂教学时间划分为四类,即讲、读、练、议的时间。"讲"主要是教师讲授、讲解、讲析,主要归结为教师教的独立活动;"读"主要是学生阅读、质疑、思考、解疑;"练"主要是学生练习、训练,以上两方面可归结为学生学的独立活动;"议"主要是议论、讨论,包括师生互议、生生互议等,此活动其实就是教与学的互动。这三类活动时间管理可概括为教师教的独立活动时间、学生学的独立活动时间、课堂中教与学互动的时间。其优化策略便成为教师提高课堂教学效率、提升课堂教学质量的关键问题。

可见,地理教学时间大致可以概括为五个方面:① 在校时间(School Time,ST),指学生在学校度过的时间,通俗地讲就是学生一年在学校学习的天数及一天用于学习的小时数。② 分配时间(Allocated Time,AT),指在校时间中用于课堂教学的时间,也就是除去在校时间中用于午休、课间休息、用餐、集会等活动的时间。③ 狭义教学时间(Instructional Time,IT)。狭义的教学时间指课堂中用于教授学科知识、概念和技能所用的时间。除去课堂时间中用于例行性的事务(如布置学习任务、安排学习分组等)、教学活动转换、维持课堂纪律等所耗费的与直接教学活动无关的时间,剩下的就是教学时间(也有人称 IT 为"教学实用时间")。④ 专注时间(Engaged Time,ET),指学生关注并努力完成学习任务所用的时间,是分配时间——准确地讲是教学时间的一部分,只是除去了教学时间中学生用于完成学习任务无关的交际活动、开小差及在班级中捣乱所耗费的学习时间。专注时间体现了教师"教"的能力,即教师所选择适当的能够吸引学生注意并使学生专注于其中的学习活动的能力。⑤ 学科学习时间(Academic Learning Time,ALT)。学科学习时间是专注学习时间的一部分,具体地说就是指学生用于完成一定难度的学习任务并且获得较高水平的成功体验的专注时间。

地理教学时间的相关概念也可用集合的形式表示,如图 3-1 所示。

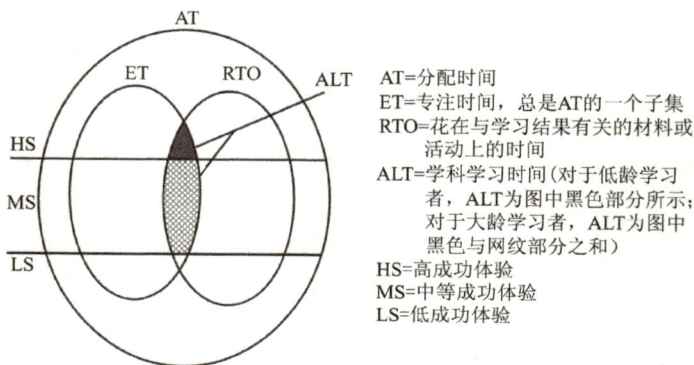

AT=分配时间
ET=专注时间,总是AT的一个子集
RTO=花在与学习结果有关的材料或
　　活动上的时间
ALT=学科学习时间(对于低龄学习
　　者,ALT为图中黑色部分所示;
　　对于大龄学习者,ALT为图中
　　黑色与网纹部分之和)
HS=高成功体验
MS=中等成功体验
LS=低成功体验

图 3-1　地理教学时间概念图

综上所述,地理课堂教学时间管理的要旨有三:一是教师要具备教学时间管理理念,合理分配既定教学时间,充分有效地利用学生的"学科学习时间";二是教师要熟知学生的个人能力倾向,做到因材施教,减少在同步教学中因学生的个体差异而造成的无谓时间消耗,如同样的教学内容和同样的教学时间,个人能力强的学生会感到时间多余,而个人能力弱的学生则感到时间不足;三是教师要努力提高自身的教学水平,延长学生乐于学习的时间。

第二节　地理教学时间管理的研究背景

《全日制普通高中地理新课程标准》指出:学习对生活有用的地理;学习对终身发展有用的地理;改变地理学习方式;构建开放式地理课程;培养现代公民必备的地理素养;重视对地理问题的探究;注重学习过程评价和学习结果评价的结合。随着新课程的实施,课堂教学的改革势在必行,在地理课堂教学中我们首先要转变传统的教学思想、更新教学理念,采用多样的教学方法和手段,处理好课堂教学各个环节,提高地理学科课堂教学质量,构建高效的地理课堂。地理是学生的一门必修课,它以人类所生存的地理环境、人地关系和可持续发展为主要内容,在素质教育中担负着其他学科无法替代的任务,是促进学生全面发展所不可缺少的。地理教师必须从实施科教兴国战略的高度,从提高民族素质、增强综合国力的高度,对待地理教学,担负起促进学生全面发展的重任。

一、地理教学渗透 STS 教育的背景

近年来人口最多的中国已经发展成为世界第二大经济体,如何实现综合国力可持续增长及内涵提升,实现中华民族的伟大复兴,教育扮演着越来越重要的角色。当今世界的综合国力竞争,说到底是人才竞争,人才越来越成为推动经济社会发展的战略性资源。源源不断的人才资源是我国在激烈的国际竞争中的重要潜在力量和后发优势。

事实上,为把我国人口数量优势转变成人才优势,国家早在20世纪80年代就陆续推进了数次教育改革,力求转变传统教育中的一些突出问题,如教育课程结构单一,学科体系相对封闭,难以反映现代科技、社会发展的新内容,脱离学生实际和社会实际;学生死记硬背、题海训练的状况普遍存在;教育难以适应经济、社会发展的需求和学生多样化发展的需要;对学生评价方式过于片面,忽视了学生之间的差异,阻碍了学生未来的发展。于是,从事中学基础教育的工作者们每隔几年都要认真学习和研究本学科相关的教育体制改革、新课程改革、高考改革等方面配套改革方案,力求更好地促进学生成长,提升学生综合素质。

当然还有很多视野更广阔的教育者,不仅研究国内的教育变革,还积极地融合国外教育改革的成果和先进理念,并在各自的学科教育中不断积极实践,取得了很好的效果。STS 教育也是在这样的背景下,作为一种源于发达国家的相对先进的教育理念越来越多

地渗透进入中学地理教学。

下面通过对比看看 STS 教育与我国地理教育的契合度。首先选择的对比对象是全日制普通高中新课程标准,这是因为新课程标准中规定的基本素质要求是教材、教学和评价的灵魂所在,也是整个基础教育课程的灵魂所在。此处选取新课程标准的基本理念和教学建议两个层面,图 3-2 为其核心内容。

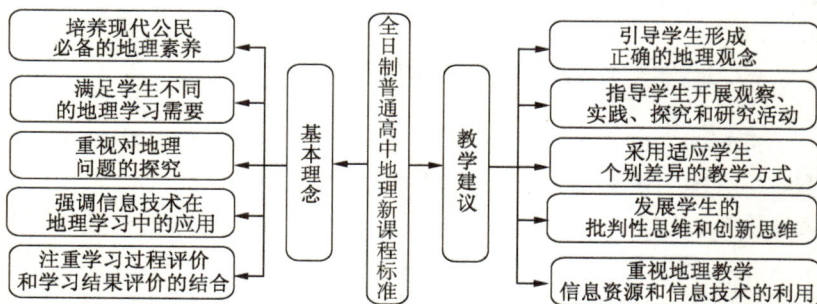

图 3-2　STS 教育与我国地理教育的契合度

其次,2014 年颁布的《教育部关于加强和改进普通高中学生综合素质评价的意见》中的学生综合素质评价内容如图 3-3 所示。

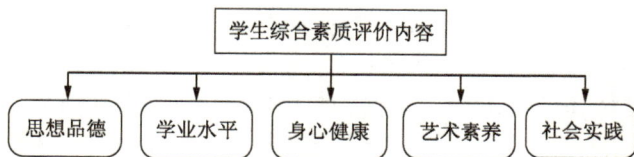

图 3-3　学生综合素质评价内容

同时,STS 教育有如下特征被强调:

第一,教育内容的综合性。一是 STS 教育强调教育中多学科知识的融合,打破了单一学科的界限,在某一学习主题中融合物理、化学、生物、地理等知识。二是 STS 教育将科学、技术和社会融合在一起,打破了以灌输纯理论知识为主的传统教学方式,体现了三个要素的密切联系。

第二,教学目标的多样性。STS 教育致力于提升学生的科学素养,而不仅仅是让学生掌握课本上基本的概念和原理。科学素养的形成在于通过科学知识的引领引导学生在探索与实践的环境中实现科学知识的掌握、实践能力的提升以及团队意识的培养,最终实现科学素养的综合提高。这就需要学会运用科技知识服务于生活,还需要学生理解科学和技术对社会的影响,从而培养科学的态度和社会责任感,也就是新课程的三维目标的达成。

第三,重视教育的实践性。STS 教育特别关注生活中真实的问题情境,在具体的情境中激发学生兴趣,加深学生对科学和技术的理解。STS 教育也特别关注以学生为中心,运用各种资源为学生的实践和技术运用创造条件。很多 STS 教育的学习主题都开始于学生的问题和兴趣,学生在教师的帮助下明确问题,然后展开调查实践活动。这种方式避免了所学理论和实际生活的脱节。

第四,教学方式的灵活性。STS 课程的实施多为"问题导向",并含有多种实践活动,调查、讨论、辩论和质疑,与传统教育的操作模式相比有很大不同。在渗透 STS 教育的课堂上,教师经常说的不再是"你要记住",而是"我不知道,我们一起来发现答案"。STS 教育的实施不能以知识为中心,必须兼顾技术应用和对社会问题的反思。这样,学生才能形成对科学技术的批判态度和社会责任感。

由上述对比可以看出,我国的中学地理教育强调把学生培养成为既懂地理知识又了解自然与社会,并能参与人地关系决策的人才,主张自然地理、人文地理与地理信息技术相结合,互相渗透,使地理教育适应现代社会的需要。可以说这与 STS 教育强调的内容高度一致,二者的融合对于促进学生全面发展、丰富学科教学内容以及促进地理教育理论发展具有重要意义。

二、地理教学优化时间管理的背景

人类一直都感慨时间"量"上的"易逝",所以对时间"质"的提升一直是孜孜以求。对时间进行管理的研究和应用是多学科、多领域共同的课题，近年来研究者结合管理学、心理学等领域对时间管理进行了大量的研究并取得一定进展。中学地理教学中优化时间管理有其深刻的必然性。下面通过对比国内外的地理课程设置来感受我国地理教学优化时间管理的紧迫性。

世界各国由于国情不同，中学地理课程的开课年限和课时设置也有一定差别。同时，地理课程设置类型也趋于多样化，除"地理"外，还有"地球科学""环境科学""地球和宇宙科学""经济地理""全球地理""世界经济和社会地理""天文学""地质学"等。部分国家高中地理课程设置的比较见表3-1。

表3-1 部分国家高中地理课程设置比较

国家	地理课时设置	说明
英国	占中学课时总量的10%，高中另增加选修地理课时	规定所有公立学校5～14岁的学生必须学习地理课程，14～16岁的学生可以选修地理
法国	初中、高中地理共12课时/周	高中阶段每年开设地理课，高中的第二、第三学年分文理班开设地理课程
俄罗斯	初中、高中共11课时/周，总课时达374（不包括高中选修课）	国家规定，高中阶段每个年级均开设地理课程。必修课程有俄罗斯自然地理、俄罗斯人口和经济地理、世界经济和社会地理
日本	高中地理总课时为210	高中地理为限定选择必修课，分为地理A、地理B、地理Ⅰa、地理Ⅰb、地理Ⅱ
德国	高中阶段地理课程共5～10课时/周	初中阶段和高中阶段，每个年级每周都开设1～2节地理课，重视环境教育
美国	高中地理课时由各地学校自定	高中地理课程内容主要有"地球和宇宙科学""环境科学""经济地理"，学生可以自由选择
澳大利亚	高中地理总课时为220	高中阶段9～10年级地理必修课100课时，11～12年级分为预备课程和高级证书课程，课时均为120课时。

与表 3-1 中的发达国家相比,我国在课时上尚有很大差距。以江苏为例,我国的地理教学课时分配如下:高一、高二地理为必修课,课时安排基本是每周 2 课时,即使到了高三作为选修课也仅仅是多 1~2 课时。并且初中很多学校虽然有地理课,但开设的课时仍然不足,使地理课程不具有连续性。

目前,我国地理教学基本现状就是时间紧、任务重,所以做好地理教学的时间管理显得尤为紧迫。

第三节 地理教学时间管理的现状分析

目前的时间管理教育主要是以思想教育的说教为主,在内容上偏重于时间的意义和价值理论,在方法和手段上也没有过多的成效,实际上没有让学生真正学会掌握和运筹时间的方法和手段。在地理教学过程中,教师虽能对时间利用进行设计和安排,但实际利用和运筹时间的能力还十分有限,层次还很低下,虽能确立一定的目标,但控制、分配、驾驭及反馈时间的行为能力还不够,往往"计划赶不上变化",结果不如预期好。

一、地理教学的课堂生活化

地理学是一门研究地球表层自然要素、人文要素及其相互关系的科学,地理学本身具有综合性、地域性、开放性、实践性的特点。中学地理学科兼具社会科学和自然科学的特点,中学地理教师在课堂教学中也往往兼文科教师与理科教师于一身。因此,中学地理学科依然具有地理学本身固有的综合性特点。这种综合性决定了学生应该走出课堂,走出校园,到家庭、社会中去观察、调查,发现生活中的地理,社会中的地理,增长知识、增加知识的实用性、认识科学技术对社会的正负作用,立志好好学习,做一个对社会有用的人。

STS 教育兴起于 20 世纪六七十年代的西方发达国家,在 80 年代中期引进我国。它强调科学与社会的关系,科学技术与社会的相互作用,强调教学内容要包括社会问题(如环境、生态、人口、能源、资源等)。STS 教育的本质集中体现在末尾一个 S(社会)上,强调科学技术的教育内容紧密结合社会的需要,科学技术的教育手段和方式的社会性参与,这是我们在当今地理教学中应注意的一个问题,突出表现在地理案例教学过程中。

随着地理新课程的进一步实施,案例教学越来越成为地理课堂和社会联系的一个很重要的方法和手段。无论是教材编写,还是具体的课堂教学,都需通过列举大量案例,引导学生层层分析,再现地理知识,获得地理知识的过程,培养学生科学的世界观的形成,达成"三维目标"的实现;强调学生的亲身经历,面向学生的生活领域,引领学生走向生活,在"观察""思考""实践""体验"等一系列的活动中发现和解决问题,让学生发展实践能力和创新能力,培养学生应用地理知识解决实际问题的能力及社会意识,为学生的个性发展提供了开放的空间。

1. 教材案例生活化

案例就是人们在生产和生活当中所经历的典型的富有多种意义的事件陈述。它是人们所经历的故事当中的有意截取,在这里指的是对真实情景的描述,是特定情况或问题的一个实际的例子。教科书中选用大量的案例,紧贴实际生活,创设问题情境,让学生在解决问题的过程中走近生活,活学活用。

从地理教材的编写内容来看,典型的案例已经成为高中教材最大的亮点,生活化案例是组成教材的重要部分,教材的编写是围绕着案例展开,对案例层层解剖,做到以"案"明"理",以"理"析"案"或者"案""理"结合。甚至一个案例就构成一节教学内容。如《传统工业区》一节内容就是围绕着鲁尔工业区的兴起—衰落—发展而展开的。因此,案例教学已经成为地理教学改革的一个突破点,它为高中课程改革中地理学科为什么教、怎么教,以及学生怎样学、怎样用的问题指明了方向。

据统计,人教版高中地理新课标实验必修教材中以案例板块呈现的案例共有 43 处,其中必修一有 12 处,必修二有 23 处,必修三有8 处,涉及自然地理、人文地理和区域地理等内容。除此之外,还有很多阅读、活动、问题研究板块的内容都以案例的形式出现。以人教版必修一为例,第一章中案例"太阳风暴袭击地球"是用来阐述概念的,属阅读性案例,可以增长学生的知识,防止学生主观臆断。第二章中有"赤道低气压带与热带雨林气候的形成、西风带与海洋性气候的形成、副热带高压带和西风带交替控制与地中海气候的形成""台风及其危害、寒潮及其危害""太平洋岛国图瓦卢将被举国迁移"三个案例,其中案例 1 论述了有关气压带和风带对气候的影响。第三章中选取案例"北大西洋暖流与西北欧气候、秘鲁寒流与南美大陆西岸气候"来说明洋流对气候的影响。将"咸海的忧虑"作为合理利用水资源的典型事例。第四章第 1 节中"喜马拉雅山的形成与基拉韦厄火山大爆发"具体说明内力作用的速度差异及其对地表形态的塑造。第 2 节中"火山"内容之后的案例"日本的富士山",增加学生的感知认识。第 3 节中"河流堆积地貌"内容之后的案例"黄河三角洲的发育",说明其形成的重要条件是河流输沙量大,入海口潮差小,潮流搬运能力弱。第五章中"生物在自然地理环境形成与演化中的作用"说明地理要素间进行着物质与能量的交换,"水土流失是自然地理环境的统一变化过程"和"东北森林变化导致环境的整体变化"说明自然地理环境具有统一的演化过程。阅读"我国近百年来的气候变化"通过提供我国时间、空间尺度的气候变化材料,说明局部地区或国家范围内气候变化的特点;活动内容"张家界'Ｖ'型河谷的形成";问题研究"为什么市区气温比郊区高",从气温变化、地表形态、景观等方面提供资料说明城市热岛效应;等等。它们都是以案例的形式呈现的。此外,还有必修二第五章中"不同时期北京商业中心与交通的发展变化";必修三中:"以我国西北地区为例"研究荒漠化的防治,"以亚马孙热带雨林为例"研究森林的开发与利用。

纵观高中地理教材中的案例,大致可分为三类:

（1）例证性案例

例证性案例主要以阅读内容为主，最大的特点在于客观地描述地理事物，没有主观评价，且有明确的问题意识，即案例围绕问题来呈现。例如，在解释了三角洲平原的形成过程之后，即附案例"黄河三角洲的发育"。它不要求学生对教材知识的记忆，而是给学生建构知识平台，通过地理事实加深理解，进而让学生看到自己的学习效果和新建构的知识，并获得自信心。

（2）分析性案例

分析性案例除客观公正地描述地理事物外，落脚点是评价与分析。这一类型的案例在必修三中较多见，例如"以我国西北地区为例"研究荒漠化的防治；"以亚马孙热带雨林为例"研究森林的开发与利用。通过案例，认识区域自然地理和人文地理的主要特征，加强对所学区域的深入探究。

（3）讨论性案例

讨论性案例一般出现在章节之后，它的特点是引发学生思考，鼓励学生动脑、动口和体验探究价值的案例分析，注重训练学生通过表达形成地理概念、观点、结论和事实。如"珠江三角洲影响生产的工业集聚""德国鲁尔工业区"与辽中南工业区的比较、美国硅谷与北京中关村的比较等。讨论性案例不预设答案，而是鼓励学生独立思考、合作探讨。只要言之有理，论之有据，就能达到教学效果。又如必修二第五章中"不同时期北京商业中心与交通的发展变化"，必修三中"以我国西北地区为例"研究荒漠化的防治，"以亚马孙热带雨林为例"研究森林的开发与利用。案例的选择贴近生活，注重营造启发情境，注重递进式探究。

教材中案例显现的位置与教学要灵活处理。例如，人教版必修一中共有 12 个案例，其中有 9 个穿插在教学内容中，必修二的 23 个案例中有 10 个放在教学内容之后，必修三中的 8 个案例则以"节"的形式出现。这不仅涉及案例教学是穿插进行或是后置进行的问题，还涉及案例教学的分解与对应。如果由教材中的案例出处决定案例教学的时间和方式，那就犯了教学之大忌，因为雷同的教学方式难以激发学生的学习兴趣。案例教学只有"看菜吃饭,量体裁衣",才能真正领略案例的妙处。有的案例趣味性强,可以前置,起到导入新课的作用;有的案例围绕重点、难点,可以根据教学进程穿插进行,起到画龙点睛的作用;有的案例侧重归纳概括,可以平移至教学内容之后,替代课堂小结。例如,教学"德国鲁尔区"这一案例时,把鲁尔区的区位优势等主要教学内容以文字方式呈现出来。同时,利用教材上的"鲁尔煤田剖面示意""鲁尔区五大工业部门的联系""鲁尔区的交通网"等图形或地图,以及"世界能源消费构成的变化"的数据统计图等呈现方式,再配以高中地理图册上"莱茵河上的铁矿运输""鲁尔区综合整治前后的对比"等景观照片,有利于启发学生发现问题、交流问题和解决问题,实现从生活中来,到生活中去的教学理念。

2. 教学案例生活化

现在是知识大爆炸时代,信息量大,信息面广,信息来源多,学生可以从电视、广播、报刊、互联网等多种渠道获得新信息,因此,学生所掌握的信息知识甚至可能比教师更多更广,学生会对有所了解的新知识,由好奇转向思考探究,在分析、概括、探讨之后培养学生多种思维的特征,也可以发展学生探究性研究和创新性思维。

地理案例具有典型、直观、形象等特点,地理学科的案例呈现,可以是文字的、图像的、图形(地图)的、数据的、景观的等多种形式。地理这门学科来源于生活,同时也指导着生活,学习地理最终也是对生活有所帮助的。在案例的选择上尽可能贴近学生生活,在理论知识的基础上联系实际,让学生感受地理的魅力所在。

案例的选择是实施案例教学的前提,一个好的案例能吸引学生的注意力,它应是生动事例的再现,应与现实生活密切相关,特别难得的是家乡的地理事象,同时也应与教材内容紧密联系起来,用于揭示地理原理和规律,启迪学生思维,引导学生自主学习,培养学生能力。因此案例的选择要深思熟虑,应具有客观性、典型性、时代性和教学性。

（1）客观性

案例的客观真实是指其案例的材料来自客观存在的地理事实，源于自然和社会的存在性。对于教师自己编写的案例，要尽可能多地搜集到地理素材，精心取舍。客观真实并不是毫无取舍，无所选择，而是应反映事物的客观规律性，能生动表达地理事物的本质特征即科学性，这是案例选编的第一原则。为此，教师需要关注广泛的领域，要有开阔的视野和敏锐的地理感悟性。

（2）典型性

典型性是案例的基本特征，不是任何一个事例都可信手拈来，作为案例使用。强调典型性即是为了表明：① 案例必须具有鲜明的地理特征，并能生动地反映地理规律。如澳门填海造陆，这类以图表示的案例材料，反映沧海桑田的演变过程，是澳门人对海洋空间利用的历史记录。② 案例必须符合地理知识的教学要求，能为地理知识的教学目标服务。

（3）时代性

强调这一点是为了使教学跟上日益变化的社会发展进程，一方面，教学必须快速反映客观现实，与时代进程合拍；另一方面，通过富有时代气息的案例教学，引导学生更好地关注现实社会，培养奉献社会的责任感。富有时代感的地理案例教学，具有鲜活生动的教学特色，能充分显示地理教学的强大生命力。

（4）教学性

作为教学案例，教学性是毋庸置疑的。不仅案例本身具有教学意义——能为教学目标服务，而且案例的表达方式也要符合教学的需要。地理教学案例必须具有地理特色，多采用图表数据和图示、图片，辅之以简练的文字叙述。例如《海洋空间的开发利用》这节内容，运用"鹿特丹港口的土地利用"和"澳门历年填海范围"两个案例，采用表格数据与地图相结合的方法，翔实生动地说明了人类对海洋空间的比较成熟的利用方式和途径。

教学案例应该选取学生关注的事件。只有这样才能引发学生的探讨热情，学生的学习才会由被动变为主动，在探讨问题的过程中引起共鸣。

　　生活中的许多现象与地理知识密切相关,平常留心观察和思考,会发现身边许多生活现象可以成为地理教学的素材。例如,学生难以理解"水平地转偏向力",但他们在生活中见过由地转偏向力作用形成的旋涡或旋风,在讲授该内容时向学生设问:"你看到的旋涡是顺时针还是逆时针方向旋转的? 为什么?"这样以生活现象作为教学素材,可以促使学生积极思考。生活在我国南方的同学很难感知北方四季分明的气候特征,生活在北方的同学也难以体验南方高温多雨的气候特点。在进行"气候特征及成因"的教学时,以学生所在地的气温、降水为教学切入点,再结合当地纬度位置、海陆分布、大气环流等相关知识进行教学,学生就可以直观地感知、理性地思考。利用生活的经历和现象对知识进行分析和迁移,有利于学生对地理的学习由感性向理性深化。例如,在学习《矿产资源合理开发与区域可持续发展》这一节之前,学生已经学习了分析区域发展条件的基本方法和工业生产活动对地理环境的影响,这些知识都离不开具体的实例,而这节课的教学内容就是以德国鲁尔区的发展为例来说明传统工业区该如何发展的典型的案例教学,刚好为学生提供了一个巩固和应用已学知识的机会,可联系这个案例进一步分析我国东北老工业基地的可持续发展问题。《常见的天气系统》一节是很典型的例证。这一节中的很多知识学生都能在生活或者在电视上接触到,但知识比较宏观、抽象,且学生在初中所学地理知识比较薄弱,单单通过文字表述很难理解锋面的结构和变化过程。天气的阴晴、冷暖,学生虽司空见惯但往往不能掌握其变化的规律。所以教授时一定要结合现实生活,让学生感知冷锋过境前、过境时、过境后的天气变化状况,以及给我国地区带来的影响。通过讨论、纠错、互相补充,学生们对冷锋的知识才能达到透彻的理解。

　　3. 教学过程生活化

　　地理案例教学过程可分为四个阶段,每个阶段都应充分体现学生的主体地位,体现不同的生活场景。地理案例教学过程主要以小组合作的形式进行。鼓励每一个学生都能够有话可说、有言可发,提出自己的观点和见解；对他人的观点进行质疑，学会在质疑中提出自己的观点并加以坚持；通过寻找支持自己观点的论据，进行比较严密的逻辑论证，尽可能弥补自己观点中的漏洞，达到无懈可击，在获得他人支持赢得他人信任的同时培养和提高自主学习的能力。

（1）学生自行准备阶段——案例呈现展示

不同的案例呈现方式适用于不同的案例展示方式，如阅读教材，分发材料、口头描述、挂图展示、实景模拟、电脑多媒体展示。同时呈现给学生所要探究和讨论的问题，提出的问题要有层次。例如，在学习人教版高中地理必修三《荒漠化的防治》时，让学生自学案例"我国西北地区"，或者利用多媒体图文并茂地展示案例，让学生感到身临其境，充分感知案例。再设计三个层次的问题：① 什么叫作荒漠化？荒漠化的景象和荒漠化形成过程是怎么样的？（这是浅层性的设问，目的在于引导学生通过对案例的探究，了解荒漠化的含义，因此属于知识性探究。）② 我国西北荒漠化的形成原因是什么？（这是对前一层次的提升，要求学生从前一层次的现象的认识上升到原因的分析；要求学生探究出正确的行为倾向，因此属于行为性探究。）③ 请为荒漠化防治提出对策和措施。（这一层次的设问，给学生提供了创新的机会，是对学生创新能力的培养，因此属于创新性探究。）通过这三个问题的设置，提高学生的思维积极性，一次又一次的扩展学生思维空间，进行探究性学习。

教学案例问题的设计要渗透地理语言表述、地理阅读、地理推理、地理预测等方面的能力培养，使学生在对问题的讨论过程中加强能力的训练。

案例教学主要是培养学生掌握知识的方法和技能，培养学生要具有创新精神，学会对现实生活的"解读"，对任何事物都要带着一种"为什么""会怎么样"的态度去思考探究。案例教学是利用学生周围发生的具体事件或熟知的事物，引导学生去分析探究它们为什么这样，应该怎么样，力求在教学中使学生能在一定程度上了解新的观念、新的知识，摸到时代的脉搏，从而达到培养学生的发散性思维及创新能力的教学目的。

（2）案例分析讨论阶段——小组集中讨论

该过程是将案例的情境与相应的教学内容联系起来,揭示案例与所学原理之间的联系。在此,教师的作用是启发、引导、组织、调控,促使学生积极参与、主动交流、展开研讨和探索。教师主动营造一种以学生为主体的环境氛围,要启发学生思考:教材涉及哪些方面的地理知识? 有哪些问题值得探讨? 让学生主动尝试探索,挖掘案例中存在的潜在的问题,先提出问题,再提出解决问题的正确思路和方法,有利于培养学生分析、解决问题的综合能力和创新精神。例如,对于鲁尔区的教学,先展示鲁尔区的区位特点,然后启发学生思考并提出问题:① 鲁尔区的位置在哪里? ② 鲁尔区为什么被称为德国工业的"心脏"? ③ 鲁尔区的区位优势有哪些? ④ 鲁尔区的市场范围有多大? ⑤ 利用鲁尔区的区位优势可发展哪些传统工业部门? ⑥ 随着经济的发展,鲁尔区会衰落吗? 之后,师生一起从中筛选①③⑥三个问题。确定问题后,组织学生讨论、分析。组织的形式可以多种多样,但 5～6 人分组讨论效果最好。各组派代表发言,每组发言后,其他小组的学生可以针对发言提出相关问题要求发言小组回答,最后,对于每个问题都得出一个大多数学生认可的结论。

案例的分析和讨论是案例教学最重要、最关键的部分,通过师生互动,让学生了解案例与地理知识、原理之间的联系,这是发展学生的智力、培养能力、实现教学目标的重要环节。教师首先要创造一种民主、平等、活泼的教学环境,启发学生的思维,鼓励学生积极参与教学活动,促使学生在轻松、自主的状态下,运用相关的地理知识,畅所欲言。只有通过充分交流,才能使学生成为学习的主体,才能使学生理解和掌握知识,才能使学生真正地能运用地理知识解释和解决具体的问题,最终使学生的发散性思维和创新能力得到培养。案例的讨论分析是一种开放性的、探究性的学习,答案并非是唯一的,有的学生可能只能分析到一些浅显的信息,有些同学可能透过现象揭示内在的本质特征及其规律,达到实际与理论的吻合,这其中要注意区分与引导。通过讨论分析案例,特别是通过讨论家乡的地理案例,使学生更具亲切感,体会到地理知识的实用性,为学生将来进一步认识家乡、建设家乡,提供理论上的准备。

（3）案例总结拓展阶段——小组归纳总结

案例教学的原理是从个别到一般的归纳,其作用就是总结出某种地理事物或现象的规律性原理,再实现应用方式上的迁移,因此,启发性是其明显的特征。以鲁尔区为例,引导学生对鲁尔区的衰落原因和综合整治进行理性思考。归纳总结出传统工业区的一般规律:大多建立在丰富的煤铁资源基础上,以煤炭、钢铁、机械、化学等传统工业为主,以大型企业为轴心发展起来的工业地域,它在本国乃至世界工业发展过程中起着重要作用。再进一步引导学生讨论、分析我国的辽中南、京津唐等工业区在发展过程中如何借鉴鲁尔区的成功经验。

这一阶段集中体现了小组合作学习的集体智慧,形成了师生、生生之间的全方位、多层次、多角度的交流模式,同伴之间相互帮助、相互支持、相互鼓励,从而促成他们亲密融洽的人际关系的建立,进而培养合作能力和团队精神。

（4）多样学习评价阶段——小组自评互评

在案例教学中,及时、恰当的学习评价是非常必要的。现行的学习评价把评价价值定位在甄别功能上,这对很多学生是不公平的（特别是对后进生）,对学生的全面发展也是不利的。因此,在案例教学中,要注重案例教学过程,将形成性评价与终结性评价相结合,教师评价和学生评价相结合,定性评价和定量评价相结合。特别要强调小组自评和互评,既自我分析问题总结经验,又取长补短、相互促进。重点评价合作学习小组,强化学习小组的集体荣誉感。例如,在鲁尔区的教学中,教师既要做到让学生达到掌握传统工业区的分布、工业部门、发展情况一般规律的基础性目标,又要注意学生的情感态度、实践能力和创新意识等方面的发展。从对课本的一般知识的了解到地理规律的归纳,从课内知识向课外知识的迁移（例如,由鲁尔区联想到我国的辽中南老工业基地、日本的太平洋沿岸工业地带,甚至联想到硅谷等新兴工业区）,要善于发现学生的闪光点,及时通过多种方式鼓励学生自评和互评。有了这样的评价机制,教学双方才能都乐于探讨课堂教学,每位学生才都会在原有的基础上得到提高。

为了实现"地理是源于真实生活的地理""学习地理是为了更好地生活"的教育理念,让地理课堂教学多一些生活的色彩,教给学生更多有用的知识,教会他们处理和应对日常生活中面临的问题,尝试迁移地运用地理知识和技能、寻找解决问题的方法或策略,挖掘课外教学资源,把知识与生活紧密联系起来,让知识运用于生活,让地理走进生活。

二、生活化课堂教学的时间管理

马克思主义时间学说认为,任何事物的存在和发展都要经历一定的时间,以时间为自己的一种基本存在形式。事物无论在宏观领域运动还是在微观领域运动,无论是何种运动形式,都离不开时间。如果我们珍惜时间,就做了时间的主人;如果我们浪费时间,就做了时间的奴隶;如果我们不合理利用时间,时间就会把我们的青春耗尽。任何一个人,只要充分利用和管理好时间,就能在有限的生命中创造出更丰富的社会价值和自我价值。现在的课堂教学形式是学生获取知识的重要途径,但如果课堂教学的主体不对其最宝贵的不可再生资源——时间予以科学管理,必然会影响主体的成长和发展。因此,对课堂教学时间管理问题进行深入探讨具有非常重要的价值和意义。

1. 教学中时间管理的重要性

生活化课堂教学时间是指教师将课堂活动的时间转换成建设性的学习活动时间,也就是在教师指导下学生学习活动的时间。苏联教育家巴班斯基谈到优化教学过程的标准时,就强调不仅要看教学效果,还要看教师和学生的时间、精力消耗是否是最优值。

新课改中最具有核心意义的转变是改变学生的学习方式。要改变学生的学习方式,首先要改变教师的教学方式,教学中要留给学生自主的时间和空间,把学习的快乐还给学生,让学生体验成功的喜悦。

这就是要解决教学的有效性问题,因此提出课堂时间管理,即如何在一定的教学时间内促使学生高质量地完成学习任务。一要看学生知识掌握程度、能力增长的速度,以及情感、态度、价值观的变化高度;二要看教学结果是通过怎样的方式获得的,是否实现了少教多学;三要看师生是否经历了一段双向互动的愉悦交往过程。卡罗尔认为,就某一特定学习任务而言,学生的学习程度是其实际用于学习任务的"实用时间"与掌握该任务规定内容的"所需时间"之比的函数。"实用时间"取决于分配给学习任务的时间与学生乐意学习的时间,"所需时间"取决于能力倾向、理解教学能力及教学质量。因此,在既定的课堂教学时间内,学生的学习成效不仅受到教师教学水平和质量的影响,也受到学生自身学习兴趣和能力的影响。教师教学的关键并不在于利用怎样的教学资源,而是如何更好地利用与学生在一起的课堂教学时间,帮助学生真正掌握知识,学会自主学习、探究学习、合作学习,使课堂时间高效化,从而实现学生的全面发展。在对人、财、物、时、空等资源的管理方面,时间的管理是课堂教学管理的重要内容。课堂教学时间管理,主要是指对课堂教学单位时间的管理,包括教学时间的分配和利用等。它是为实现某一课程的教学目标,教师在一定的教育观指导下,通过实施有效的教学策略,对课堂教学活动的时间进行科学预测、系统计划、合理分配和适时调控的过程。课堂教学时间管理的目的在于充分利用课堂有限的时间资源,做最高效的事情,以满足学生适应社会发展的需求。

有效的课堂时间管理是保证课堂教、学活动和师生互动顺利展开的基础,更是课堂高效进行的保障。课堂教学时间的利用率,是衡量课堂教学效率的一个较为关键的因素,它与学生知识的掌握度、学习能力的增长度关系十分密切。

课堂教学时间的科学管理具有非常重要的意义,一方面,可以保证课堂教学的有序开展,提高课堂教学的效率,促进学生健康发展；另一方面，能促进教师的专业发展。教师的课堂教学时间管理能力也是教师专业素养的一个重要方面，教师精心设计、合理安排课堂教学活动各个环节所需的时间，能够保证教学活动取得良好的效果，从而保证教学质量得以不断提高。

2. 教学中教师教的独立活动时间管理

教师教的时间管理即教师对讲授（或讲解、讲析）学科专业知识和技能知识、进行思想教育（含维持课堂秩序等），以及板书（或多媒体运用）时间的策划、分配、调整和利用的活动过程。教师要紧紧围绕传授知识这一核心具体安排、规划时间，教学的目标、要求、过程、评价等系列要素均围绕学科专业知识开展。在现代课堂中，教师教的独立活动时间在课堂教学时间中仍然占据着重要地位。

通常来说，一节课的时间总量是 40 或 45 分钟，这对于每个教师都是一样的，不同的是时间的分配问题。如果以教师为中心分配时间，时间就花在教师身上。反之，如果以学生为中心分配时间，时间就花在学生身上。教师教的独立活动时间，并不是要教师一个人单打独斗，而是在教师的指导下，学生如何更突出地体现其主体地位，渗透一种新型的教学理念。

只有教师教的独立活动时间得到科学合理的安排和利用，才能使课堂教学取得实效。同样是一节课的时间，每个教师却有不同的对教学设计各个环节的时间分配，不同的教学模式有不同的教学效果。以教师为中心的教学模式，时间主要是用来传授知识的；以学生为中心的教学模式，时间主要是用来搭建学生的活动平台并组织有效的学习活动的，包括引导学生解决问题。当前课堂上教师教的独立活动时间管理，还存在以下三种倾向。一是教师讲的时间过长，形成一言堂，独占课堂。这样的课堂教学变成了僵化的教学模式、教师的独角戏，教师一吐为快，只顾自己完成所谓的教学任务，而学生完全处于被动接受的状态。这种模式导致师生失去思维碰撞机会，造成学生思维的模式化，或思维迷惑，挫伤学生的学习热情，降低课堂效率。这种教学时间分配不合理的现象违背了新教育理念中教学的本质，造成教学时间的大量投入而教学产出质量的低下。二是教师讲的时间过短,该讲的东西没有讲到或者没有讲透。特别是有些抽象的理论性知识,学生自主学习比较困难,此时教师的讲解和引导就显得非常必要了,但有的教师忽略了学生的实际认知水平,盲目地把时间全部留给学生,认为这样就实施了素质教育,倡导了新课程的理念,而学生却没有真正掌握知识,似懂非懂。三是讲授学科知识、技能知识的时间充足,但进行思想教育的时间却很少,忽略了情感、态度、价值观的教学目标,淡化了对学生进行思想教育的任务,不能把思想教育贯穿于课堂教学中,没有对学生进行思想教育的意识。

因此,教师在课前要做好充分的准备。在课堂教学的前期准备阶段吃透教材、了解学生,根据教学要求和学生的实际情况完成课堂教学的初步设计,把重点和难点安排在学生学习的最佳时间段。具体要做以下 5 个方面的工作:① 反复研读课程标准和教材,在深入理解的基础之上对教材进行分析,力争实现对教材的二度开发利用。② 重视和学生的交流,通过和学生的交流来掌握学生的基本学习状况——知识掌握情况、实际所具备的学习能力,以及个性、喜好等。③ 在每节课前给学生布置具体的预习任务,使学生能够在课前就做好一定的学习准备,避免发生因为学生的准备不足而无法在关键时间段内完成主要学习任务的问题。④ 导课环节做到短而精。导课的"短"是指导课的时间一般不要超过两分钟;导课的"精"是指导课要简洁,要具有启发性和很强的针对性,要直奔主题,尽量避免使用传统的复习旧知——导入新课的导课模式。⑤ 技术准备要充分。对于课堂中实验内容和实践活动要做好充分的准备,要有 100% 的把握;对于所使用的多媒体课件要能够熟练操作,不出现失误。

课堂教学时间是极为有限的,要提高课堂教学时间的管理效率和水平,必须做到"功夫在诗外"。对教师而言,应该围绕课堂教学时间制订明确、详细的短、中、长期计划,分类推进。备课是制订计划的集中表现,备课可以归纳为"五备",即备课标、备教材、备学生、备练习、备教法,其对课堂教学时间的安排起着至关重要的作用,可以说"五备"是课堂教学时间管理优化的先决条件。教学目标分为三大领域,即认知领域、情感领域和技能领域。因此在备课时要围绕这些目标选择教学策略、方法和多媒体进行必要的内容重组。以一节课45分钟为例,应把45分钟细化,每个阶段需要多长时间都要提前规划好。如目标显示1分钟,板书1分钟,学生自主学习5分钟,交流5分钟,课堂提问10分钟、教师总结5分钟、学生自己处理作业23分钟,这样,课堂教学时间的分配就十分明确了。关于教师教的时间合理分配问题,有学者认为教师的讲授活动时间可以控制在5~28分钟。

教师教的独立活动时间管理的优化是一门技术也是一门艺术,需要长时间的实践。在具体实践中教师必须依据教学的本质、规律,以及教学目标、内容和学生特点,对讲的时间进行科学的安排和分配,并适时调整和改变,以保证教学过程按预期目标顺利展开,从而完成教学任务。要分清事情的轻、重、缓、急,按照重要性和紧迫性对课堂中的各个环节予以分配等,然后按顺序和类别科学合理地安排时间权重,从而避免时间的低效投入。

3. 教学中学生学的独立活动时间管理

对于课堂教学中的学生而言,可以自由支配的时间必然涉及课堂教学中学生自主活动的时间管理,即学生学的独立活动时间管理。课堂上学生学的独立活动时间管理就是指对课堂教学中学生独立阅读、质疑、思疑、解疑、练习、实践操作时间的计划、分配、协调和利用的活动过程。课堂教学中学生学的时间管理既涵盖了教师对学生学的时间安排和调控,同时也包含了学生自身学习的时间把握和利用。

学生学的独立活动时间是生活化课堂教学中必不可少的,是培养学生独立思考、运用知识分析问题、解决问题能力的关键,并且有益于教师对学生的反馈结果做出教学调整,这也是学生自主教育重要的组成部分。课堂学习是在教育计划和教学大纲指导下,在规定的时间内进行连续学习的一种学习形式。课堂学习内容丰富,学生在知识、技能和情感态度上都应有明确的目标和要求。对于实验课,在实验过程中,要学生动手操作,既要注意观察地理现象,又要动脑思考问题,使学生的观察力、注意力、思维力得到发展。

当前课堂教学中学生学的时间管理现状中,还存在这样一些倾向:一是学生独立学习的时间很少,课堂上几乎没有自我消化、自主学习、探究活动的时间。课堂教学时间是一个固定常量,通常可以细分为教的时间、学的时间、教与学互动的时间,教师教的时间增加了,必然造成学生学的时间、教与学互动的时间减少。而生活化课堂教学过程中,知识和技能的掌握需要学生一定的自主活动的时间,使学生进行独立思维,这样才能使得学生有足够时间自我消化,牢固掌握知识、获得技能。二是学生独立学习的时间很多,但目标不明、方法不当、缺乏教师指导。教师把课堂教学时间放手给学生,一味地增加学生学的时间,追求学生对于教学的思维自主性,缺乏学生思维方向的引导,这样必然达不到应有的学习成效。对此,课堂教学中学生学的独立活动时间管理策略的优化可以从教师和学生两大因素加以思考。

就教师而言,一是不要独占课堂,要留更多的时间给学生自主学习、自主探索、自我消化。二是要加强指导和引导。教师应该更多注重教学的内在方法,提高教学时间的利用率。教师的主导作用和学生自主思维的交互使用相辅相成才能实现有效的课堂教学。为了增加学生的有效学习时间,在地理课堂教学中应该做到:① 充分利用地理与社会和生活的联系,以及地理实验这些学科特点,利用学生已有的生活经验来帮助其理解、掌握和运用知识,并在此基础上提高其在课堂教学中的参与度。② 在要求学生解决问题时尽可能选择符合学生的最近发展区的一些问题。③ 在课堂教学中保持适当的知识信息密度,尽可能使全体学生在课堂学习中始终处于正常的学习状态,使他们既不会因为信息的空缺而使思维停滞,也不会由于信息过多而无法完全接受。这样的安排能够使全体学生在课堂上始终处于一种积极的思维状态,提高全体学生的有效学习时间。三是必须综合考虑学生学习所花时间与所需时间的辩证关系。这就要求教师一方面要充分了解学生的实际情况,包括学习的能力和水平、个性特征等;另一方面,在教学设计过程中需要贯彻

"为不同的学习者设计教学"这一基本理念。教师要采取灵活多样的教学策略和方法,促使学生在有限的时间内获得最大的学习效益。

对学生而言,一是要树立效率意识,在一定的单位时间里获得尽可能好的学习效果,或者获得一定的学习效果。尽可能少花时间。例如查阅资料,要获得较高的学习效率,需在较短的时间或者规定的时间内带着问题读,读中有思,思中有读,边读边思,并解决实际问题,这样的查阅才是高效率的查阅。二是要认识到时间的宝贵,尝试将自己课堂支配的时间做个记录。例如自己及时复习巩固知识的时间、完成随堂习题的时间、无故浪费的时间等。这样不断强化时间意识,一定可以提高时间管理的质量。

4. 教学中教与学互动的时间管理

课堂教学中教与学互动的时间管理,主要指教师个体与学生个体、教师个体与学生群体、学生个体与学生个体、学生个体与学生群体之间进行交流、对话、讨论、辩论,乃至共同实践的时间策划、分配、调控的活动过程。一方面,可以通过课堂教学中师生、生生互动使教学信息能够得到最大限度的交流,同时在交流过程中让学生的思维能力得到锻炼;另一方面,学生在与教师、同伴的思维碰撞过程中,不断地构建教学内容框架,提高自身的思维能力,开拓自身的思维视野,同时在语言表达过程中不断完善自身的语言组织能力。教学空间主要是属于学生的,因为他们才是学习的主体。同时学习是要互动的,互动是要平台的。所以,教师要主动、有序、有效地为学生搭建不同的活动平台。在有限的课堂教学时间里,进行有效的课堂教学互动,主要的活动形式有:学生的个体活动(阅读与理解,尝试独立完成教师的预设问题或作业),小组内的互动(讨论、合作探究与交流,同伴互助),组间交流分享(问题答案反馈与学习成果分享)。

当前课堂教学中教学互动的时间管理,还存在以下倾向:一是没有互动,要么教师独占课堂,要么"放羊式"让学生自学;二是有少量的互动,教师为了节约时间往往只与部分优秀活跃的学生进行交流互动,没有顾及其他大部分学生的体验和感受;三是互动过多,整堂课热热闹闹,但效果不佳;四是互动不当,往往是机械化的问答替代对话交往。

一方面,要营造良好的课堂教学氛围。良好的教学氛围是促进课堂有效互动的前提和基础。利用地理和社会生活的密切联系、地理知识的实用性、地理实验的直观性等来进行课堂教学,只有课堂教学情境符合学生的求知欲和心理发展的特点,师生之间、学生之间关系正常和谐,学生就能产生愉快、满意、羡慕、互谅、互助等积极的态度和体验,从而提高时间管理与利用的效率。为此,一是师生应相互尊重,这是互动和谐的前提;二是师生情感要达到共鸣,民主的、充满爱心的、有激情的教学氛围是师生产生情感共鸣的关键;三是要鼓励学生积极参与,只有学生积极主动地参与教学活动才能促进师生产生有效的互动。另一方面,要有充足的课堂互动时间。这里的互动包括师生问答、师生辩论、学生讨论等,也就是说整个课堂互动时间应该超过课堂教学总时间的1/4。当然,课堂时间到底该如何分配,还需根据教学内容做进一步的调整。这也是课堂教学时间管理的难点。

综上所述,探讨课堂教学中教师教的独立活动时间管理、学生学的独立活动时间管理、教学互动的时间管理对于提高课堂教学质量、促进教师的专业发展和学生健康成长具有重要的理论意义和实践价值。通过长期的教育教学实践发现,要科学有效地管理好课堂教学时间,还需要综合考虑影响课堂教学时间管理成效的主要因素:如课的类型、教学系统的要素结构等。一般而言,课的类型是影响课堂时间有效分配的前提条件。根据活动性质,课的类型可以划分为讲授课、讨论课、小组活动课、实践课(练习课、实验课)。根据教学任务,可划分为单一课和综合课。课型不同其教学结构必然不同,课堂教学时间的分配就有差异。例如,自然地理部分的内容,其理论性、抽象性比较强,教师要把一些东西讲透彻,学生要理解消化和运用,因此教师教的独立活动时间及学生学的独立活动时间相对要多些,教与学互动的时间应较少;人文地理部分的内容,教师重在方法引导,因此学生学的独立活动时间、教与学互动的时间相对要多些,教师教的独立活动时间应较少。

第四节　地理教学时间管理存在的问题

课堂教学时间是基本固定的,若教师规划不当,就不能在既定时间内完成教学目标。具体来讲,就是教师要根据教学流程,合理分配好课堂上导入部分、授课部分、总结部分各环节的时间,提高课堂时效性。实际教学中仍存在表面是"探究活动课""研究性学习",本质上却还用一般"问答式""填鸭式"教学方法,甚至有的束缚于教材,使本来丰富多彩的课堂教学变得沉闷,给地理课堂教学的有效性带来严重影响。从地理教学时间管理现状来看,还有很多令人担忧的地方。

一、教学过程中存在的问题

1. 教学时间分配不合理

在实际的课堂教学中,一些缺乏强烈的时间效率观念的教师,既不注重通过教学双边活动的优化调控,最大限度地提高课堂有效教学时间的时间量,也不会反思怎样通过改进教学设计和学习方法来提高教学质量,而是一味地强调增加学习时间和刻苦用功的重要性,导致许多学生长期处于学习投入大、质量低、负担重的被动境地。教师时间价值感不强,即对时间意义和价值的稳定态度和观念,对时间的感知和认知存在一定的局限性。再加上教学工作繁重,生活压力较大,教师难免会产生心理压力,因而在争分夺秒抢时间的过程中,也会不同程度地造成时间的浪费与消磨。此外,教师上课前不对课堂时间做计划,没有详细的课堂时间计划表,对课堂时间的利用持顺其自然的态度,导致教学环节、教学板块衔接不顺畅,教学重难点时间分配失衡,课堂时间分配混乱。

课堂教学密度是指教学活动过程中合理运用的时间与一节课

的总时间的比例。它有一般密度和特殊密度之分,在一般密度中,属于教学合理运用的时间不仅包括学习新内容所用的时间,而且包括复习旧教材或组织教学等其他环节所占用的时间。特殊密度则指学习新内容所用时间在一节课的总时间中所占的比例。有效课堂教学,既包括提升一般教学密度,又包括适当增加特殊教学密度。根据哈尼施费格和威利模型(如图3-4所示),提高教学效果的关键在于学习内容与学生学习能力相适应,有的教师片面强调提高特殊教学密度,忽视一般教学密度,这样即使学生有"专注于学习"的欲求,也不一定能够保证学习质量,因为先前的知识掌握不牢固,会影响学生的后续学习,并且有的学生没有找到问题的所在,反而盲目增加学习量,从而对提高学习成绩有影响。

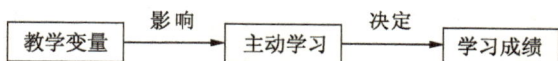

图3-4 哈尼施费格和威利模型

地理课堂教学时间有限,而教学内容很多,如果对诸多的内容不加选择,蜻蜓点水,照顾到每一个教学要求,表面上一点时间也没浪费,实际上这种没有重点的做法,只能是眉毛胡子一把抓,学生如坠云雾之中,不得要领,浪费教学时间,因此教师必须在备课上下功夫。应该紧扣教材重点,根据学生实际情况,认真分析,仔细筛选,舍弃零碎的、片面的、非重点的教学要求,紧紧围绕教材要求进行备课。授课时紧紧围绕重点内容,精心组织教学环节,选择最佳教学方法,从而大大节省教学时间。教师只有做到对教材的"深入",才能做到对教材的"浅出";教师只有做到对学生的透彻了解,才能做到游刃有余地控制课堂。

2. 教学时间利用率低

地理新课程的教学方式提倡学生"自主学习、探究学习、合作学习",要求教师做到对课堂时间的优化控制,在根据课程标准吃透教材把握课程内容难易程度的前提下,合理分配教与学的时间和时段比例,并对其进行合理规划。很多教师的教学观念在短时间内难以发生实质性的改变,再加上很多教师不愿尝试在课堂教学中渗透STS教育。尤其是在面对考评的压力下,作为先进理念的STS虽然可以提升学生的学习兴趣,提高学生的专注度,也和实践联系紧密,有利于提升学生素质,但由于没有初高中多年的连贯性教育,当面对应试教育的终端显示——考试时,短期内未必会比传统灌输教育效果好。课堂时间分配不合理,一些教师总是感觉上课时间不够用,造成拖堂现象。如有些教师在课前没有进行合理的教学设计,使得课堂教学在程序及其过渡上连接不紧密,从而浪费了许多时间;还有些教师花费了大量的时间用于学生纪律的维护,影响教学目标的完成,随意提问、重复讲解、自由练习、对课堂问题处理不当、板书杂乱无章等,都属时间浪费。其中教学活动的过渡时间过长是课堂教学时间浪费的一个重要现状。在课堂教学中,教师经常要组织学生从事不同的学习活动,如听讲、回答问题、讨论、实验、完成作业等,如果教师不能使学生的学习活动顺利过渡,或者过渡时间过长,就会造成课堂时间的浪费。如在复习检查知识时,有些教师不能选择有代表性的学习成绩好、中、差的学生,而是随机检查,等发现效果不佳时,已白白浪费了教学时间。提问时,有些教师设计的问题难度太大,学生一时无法回答,教师又缺乏点拨的艺术,往往是一喊一大片,到头来仍是教师自问自答,这又白白浪费了时间。这些都是教师对课堂时间规划不合理造成的。目前存在两种比较极端的问题:一是教师无视学生的主体性存在,仍然采用"满堂灌"的教学方式;另一种是教学过于追求形式,在没有教师的指导下自主探究学习。因此,教师要精心备课,推敲每个教学步骤,做到突出重点,环环相扣,使教学环节精简,教学环节严密。在课堂教学中,教师要设计好课堂教学活动,使得活动过渡自然、顺畅。

3. 教学时间的分配比例失调

课程改革中明确提出课程教学的三维目标,即"知识与技能""过程与方法""情感态度与价值观"。受三维目标的限制,许多教师不能抓住一节课的重难点,导致出现时间不够的现象。在三维目标与课堂教学内容的结合方面、重难点的时间比例分配方面不能保证课堂教学时间的整体结构的谐调性。课堂授课灵活多变,存在很多的突发因素,比如学生上课期间的一个提问抑或其他偶然事件的发生,都可能影响到课堂时间的管理。而在这种情况下,很多教师若不能及时地根据具体情况进行调节并重新分配,就会导致课堂时间无谓消耗过多。

（1）自主性学习时间和制度化学习时间比例失调

自主性学习时间与制度化学习时间分配的不同比例,体现出传统教学观和现代教学观的差异。在传统的教学中,以制度化学习时间为主,学生缺乏自我选择和自主学习的意识和机会;在现代教学中,自主性学习时间的重要性受到越来越多的关注,而且实践证明,自主性学习时间比例的适当增加,对于提高学生的学习效率有着积极的作用。研究成果表明,如果只是简单地延长分配时间,并不一定能够提高教学效果,而只有增加专注时间和学科的学习时间,才能取得良好的学习效果。需要注意的是,分配的时间是一种有限的"资源",不可能无限制地"开发",否则就会给师生造成不必要的负担。

在教学过程中,教师要从教学内容和学生实际出发,平衡好"主体"与"主导"之间的关系,避免"注重主体,忽视主导"的极端化思潮的发生,学生的学习过程是一个矛盾转化的过程,引导不足,则似懂非懂,似是而非;引导过分,则不是"促使转化",而是"代替转化"。教师只有灵活地、恰到好处地把握引导者的角色,才能有效地发挥学生的主体作用。需要强调的是,当学生缺乏兴趣,或学生的思维偏离目标,或学生理解肤浅而无法认识问题的本质时,教师就要给予恰当的点拨引导,以开启学生的智慧之门,把学生的学习活动向有效、高效的方向引领,从而减少或避免教学时间的"隐性流失",提高课堂教学的有效性。

（2）接受学习时间和探究学习时间比例失调

接受学习时间和探究学习时间的比例失调是当前课堂教学有效性缺失的原因之一。有的课堂教学中,学生缺乏表达观点、运用知识、探究知识的时间,而听讲等接受学习时间过多,造成学科学习时间不足。新课改提倡学生进行自主探究性学习,但并不是否定接受式学习的存在,它是学生进行后续学习和思考的前提。否则就容易走向另一个极端,即不顾学科性质的具体内容,都是以探究的方式进行学习,或游离于主要教学任务之外,使必要的接受学习时间得不到保证而影响教学的整体质量。有些教师总认为一部分学生根本不会思考,在学生的思考用时上舍不得花时间,觉得给他们时间也白费,经常大包大揽,代替学生完成作业,表面上看是关心学生,其实从长远来看,是害了学生。学生遇到问题不能独立思考,不会分析,就不能形成良好的独立思考的习惯。

课堂教学的重点在于培养学生的探究能力,在学生独立思考问题、探究问题方面应多给他们一点时间。但当教师沿着这个思路组织教学的时候,往往发现在 45 分钟内探究活动很难彻底、顺利地解决。因此,很多时候学生的探究显得比较粗糙,教师也很紧张、着急。为了解决这个问题,很多教师就缩短了探究学习的时间,但其实课堂教学时间的长短并不是问题的关键,而是面对探究学习这个问题如何提高效率才是最本质的问题。

(3)综合达成各项学习目标的课堂教学时间比例失调

学生接受正规的学校教育,并不只是获得知识,更重要的是发展认识能力、表达能力、分析判断能力和创新能力。然而,从教学的实际看,用于增加学生知识量的课堂教学时间比例较高,发展学生其他能力的教学时间比例较低,这成为影响当前课堂教学时间有效性的重要原因之一。不同的教学时间安排构成了课堂教学时间结构,这种结构整体效能的发挥关键在于其内部各个要素之间的相互配合,而这体现于课堂教学时间的优化设计,即适当分配课堂专注时间和学科学习时间的比例,以及科学的分配综合达成各项学习目标的课堂教学时间的比例,只有这样才能真正实现有效课堂。

二、学习过程中存在的问题

要达成 STS 教育实践目标,教师必须要促成学生个性化地、高效地利用"学科学习时间"完成学习任务。学生的学习应该是在教师的指导下完成的。然而实践中的课堂时间管理却并非如此,往往由于教师指导不当造成学生学习的时间管理问题。

1. 时间分配重量轻质

一些教师以为增加了学生的学习时间就可以提升学习的成效,于是,为了体现地理教学的直观性和生活性,课堂上重复罗列直观教具、多媒体视频图片,结果学生注意力过多地分散在这些教学资源上,缺乏系统知识的梳理过程,使规定时间内的学习任务无法按时完成,学生分不清主次,抓不住重点。课堂教学时间的重量轻质淡化了时间分配的主次性,将学习时间平均分配,加重了学生的学习负担。

2. 学生"学科学习时间"不足

学生"学科学习时间"是教学质量的根本保障,也是学生知识、能力发展的基础。有些教师过分追求课堂趣味性而忽视学科性、知识性、思想性和学术性。课堂上学生总处在不同的活动之中,有观察、演示,有看视频、做实验,有个人自学,有集体讨论。课堂上热热闹闹,教学方法多样,但每个教学环节都是匆忙而过,流于形式,致使学生专注学习时间减少,对教学的重要内容无暇深入理解。也有的教师过分依赖多媒体教学,使学生接受学习的时间过多,而学生自己表达、练习、运用、探究的时间太少。

3. 无谓时间消耗过多

教学中无谓时间消耗有三种情况:一是教师自身教学水平不高,不能调动学生的学习积极性,造成课堂秩序混乱,教师常常要中断教学来维持秩序。二是教师过分追求探究式教学而忽视其他教学方式,不管教学内容是否适合探究,也不管学生的认知水平能否应用探究,每个问题都要让学生实验、探究、讨论一番,或游离于主要教学任务之外,让学生忙个不停,使必要的接受学习时间得不到保证而影响教学的整体质量。三是教师忽视学生个体差异,致使教师不得不在教学过程中向个人能力较弱的学生多次重复讲解。

4. 时间利用效率偏低

无论是组织教学,还是引导学生自主学习,抑或维持课堂秩序,课堂教学中的任何一种时间管理都涉及效率问题,如果时间利用效率过低,势必会影响其他的学习环节。例如,有的教师用十几分钟的时间来维持课堂秩序,或在引导学生自主学习时用过多的时间向学生讲解注意事项等,前者迫使教师压缩正常的讲授新内容的时间,后者使学生真正自主学习的时间得不到保证。

三、师生互动过程中存在的问题

师生互动过程中一般存在以下几种现象:

(1)教师的课堂教学按照预先设置的教学进程不加调整地实施,使课堂过于程序化。课堂教学进程机械老套,课堂活动墨守成规,教学时间安排单调乏味。在这种课堂上,学生往往想办法浪费时间,如阅读课外杂志,偷玩东西,甚至睡觉。在理念层面,教师削弱了教学的功能,局限于书本知识传授的单一教学目标。在实践层面,教师将教学程序固化,忽视学生情感、态度和价值观培养的重要性,课堂教学活动不够生动活泼,构建的课堂生活过于理性,局限于程序和环节,无视学生的精神世界。在这种课堂情境下,学生容易感到急躁和烦恼,注意力难以集中,迫切希望能够做自己喜欢的事情。这就过分强调了课堂教学的预设性,忽视了教学的生成性。此外,在教学中把旧教材上的很多东西加以补充,学生的视野很难打开,仅仅停留在教材上,违背了 STS 教育理念下的开放性课堂的要求,不能以一种动态的方式去适应新课改。

(2)教师在课堂教学中按照自己的主观意志实施教学环节,导致学生丧失了有效的学习时间。学生没有发言、实验、计算和绘图等体验活动,只有消极等待下课。这是典型的教师中心模式,教师讲学生听,强调教师是知识的主动传输者,学生是知识的被动接受者。课堂时间分布过于强调教师教的时间,忽视学生学的时间和师生互动的时间。这样课堂就失去了激发学生梦想和愉悦学生身心的功效,丢弃了时间管理的作用,强调教师的独白式教学,而忽视了学生的对话式教学。

（3）教师安排课堂师生互动时间的形式化及教学效果评价的表面化，缺少和学生之间的深度交流。学生只参与到课堂的表层学习，没有进入深层次的学习，实质上是假装学习。学生在课堂上频繁回答教师提出的问题，刻意伪装，对教师的提问貌似积极，小组讨论和课堂作业也装作参与。这种课堂教学没有促成学生对知识的理解，学生不能对教学主题进行阐释、发现、验证、举例、概括、应用和推理，不能以新的方式呈现主题。教师不清楚学生是否在积极地学习。这种课堂教学时间管理的误区在于强调教学的外在性，而忽视了教学的内在性。

（4）教师的课堂教学盛行娱乐主义，取悦学生，脱离了教学的根本。有些教师过分追求课堂趣味性而忽视学科性、知识性、思想性和学术性。教师潜意识中视自己为演员，把课堂看作舞台，把学生当作观众；教师视课堂为休闲场所，把教学看作表演艺术；教学技术本属于一种辅助工具，课堂教学中却被追求为终极目标。教学活动变得没有内容、缺乏联系、脱离情境，教学被包装，过度娱乐化，导致学生脱离学习的本真，越来越不会思考。泛娱乐化课堂教学将课堂视为市场，把学生视为慵懒的上帝，让学生视学习为轻松和快乐之事，这些隐喻忽视了学校和课堂的特性，让教学失去了灵魂。课堂被理解成娱乐活动，这实质上是教学功能的错位。这种课堂教学时间管理的误区在于强调教学的技术性，忽视了教学的教育性。

总而言之，生活化教学课堂的时间管理存在以下问题。一是传统教学法与新型教学法在教学时间分配上存在冲突。在传统教学方法中，讲授法是最有效、最能节省课堂教学时间的教学方法，而在新课程理念下的新型教学法中，自主探究学习方法成为新型的能够调动学生学习积极性、开发学生智力、培养学生动脑动手能力的最有效的教学方法。但遗憾的是，新型教学在与传统教学抗衡的过程中，尽管在某一方面占据了抢先位置，但毋庸置疑的是，传统教学法依旧是最受教师欢迎的教学法之一，这就要求教师在传统教学法与新型教学法的权衡中找到最适合学生、最有利于课堂教学时间利用，以及课堂教学效率的平衡点。二是教师课堂教学时间意识淡薄、时间价值感不强。在课堂教学时间管理中,时间意识是首要的因素,也是最重要的影响因素。现在课堂中,教师时间意识淡薄的情况比较严重,课前教案设计无时间设置的现象时有发生;课堂教学中经常不能顺利完成教学设计中所预设的教学目标并一拖再拖;还有很多教师尽管已经意识到了时间管理对课堂教学的重要性,却还因为懒惰或守着多年"教学经验"而继续我行我素;一些老教师在课堂教学中经常讲与课堂教学无关的内容或使用非教学语言导致时间被极大的浪费。因此,提高教师课堂教学时间意识迫在眉睫。三是教师专业基础知识和专业技能的掌握不够扎实。教师在课堂教学中能够游刃有余地发挥主要来自于课前精心的准备,教师只有掌握了扎实的专业技能,才能应对灵活多变的课堂教学。但教师在实际的课堂教学中专业技能水平仍有欠缺,不能灵活地驾驭课堂恰恰是课前准备不充分、知识技能掌握不扎实的表现。比如课堂上学生的一个提问,是教师课前备课时没想到的,有些教师就会束手无策,造成课堂时间的浪费,并且也会影响学生对教师的认可;有时课堂上还会出现其他的偶发事件,教师若是应对不力,也会影响课堂教学时间的利用。四是课堂教学时间分配不够合理。教师的课堂教学时间分配包括导入、知识回顾、新课讲授、课堂提问、学生自主合作探究、小组讨论、板书设计、PPT 放映、课堂小结、当堂练习等。在有限的教学时间里,教师要想完成这一系列的教学活动,不仅需要有强烈的时间意识,还要有能力对课堂教学时间做出合理的分配。但在课堂中,一些教师为了完成教学任务,一味赶进度、压缩学生自主探究和独立思考的时间,这样就降低了课堂教学效率,与 STS 教育理念背道而驰。五是教学时间管理问题反思不透。教学反思是教师找到教学中存在的问题并及时纠正的重要途径。教学时间反思是教师进行教学反思最重要的一项内容,这在大部分教师教案的反思中都有所体现。然而教师在对课堂教学时间进行反思的时候,仍旧有很多教师认为浪费了的时间无关紧要,下节课再补回来就可以了,这样的想法所导致的结果就是教师的教学任务经常不能按时完成,教师的时间意识淡薄、反思不彻底导致教学时间被极大地浪费,并且这种现象会一而再、再而三地重复出现。

第五节　地理教学中时间管理的对策

在新的地理课堂教学形式下,学生成为课堂学习的主体,因此在进行地理课堂教学活动的设计时,必须重视学生认知过程的完整性。人类认识事物的过程是一个渐进的过程,要努力做到教学层次的展开符合学生认知的规律,教师的教与学生的学两方面的活动协调。只有紧凑的课堂结构,富有美感的课堂节奏,才能更好地在教师和学生之间传达彼此的情感、态度、思想及所要强调的内容,使课堂的教学时间得到充分合理的利用,课堂的教学效率得以提高。

一、优化课堂教学设计

1. 优化教学目标设计

教学目标的完成是检验教学行为有效性的基本准则,具有激发学生学习动机、保持学习积极性的功能,指导和制约着一切教学活动,是教学活动的出发点和归宿。在课堂教学中,要合理地设置教学目标,也要明确地表述教学目标。合理的教学目标能够最大限度地调动学生的学习积极性,促使教学活动朝着能够产生最大效益的方向发展。

具体来说,教学目标的最优设计应遵循以下要求:① 一般目标与特殊目标相结合,具有层次性。② 难易适中,具有可操作性。③ 视情况而改动,具有灵活性。④ 表述要明确、具体,易于实施和评价。

2. 优化教学内容处理

分析教学内容,教学时间使用才会有的放矢。教学目标是教学内容的本质,是教学内容的意义所在,教材内容的选择是为教学目标服务的,所以教师要能客观看待教材内容,不必拘泥和教条。教师应该将重心放在教学目标的把握上,对内容可以更自由地选择,甚至找更好的内容来代替课本内容,其目的仍然是为教学目标服务,所以教师在给自己一定的自由度上可以更加创新地来把握时间。

（1）突出教学重点。在教学中，突出主要的、本质的教学内容很重要，因为只有这样才能节省课堂教学的时间并提高教学质量。从教学目标出发，确定时间分配的重点，教学的重点和难点是一定要保证的，保证把主要时间和精力花在实现教学目标上，否则得到的结果只能是"我讲了很多遍，可是为什么学生还是一做就错呢？"

（2）联系学生的生活实际。教学中要多运用一些地方性的、在学校所在地区最常见的事例。教学中理论联系实际的内容主要包括学生的生活实际和经验、学生的思想实际、社会发展实际等。教师要根据地理学科的具体特点、教学内容、学生学习的实际水平，以及学生的年龄特点和经验水平恰当地联系实际。

（3）协调各学科之间的关系。如果各学科教材不够协调，就会造成教学内容重复，浪费教学时间。在选择教学内容时，应该指出该内容要依据的其他学科的相关章节，与其他学科的类似内容有怎样的联系，在以后的课堂教学中如何运用今天所学的内容等。

3．优化教学方法的选择

每种教学方法都有自身的特点和最适合的运用范围，教学方法选择不当可能导致学生的知识和技能得不到应有的发展，挫伤学生的学习主动性、积极性，使他们对学习产生被动、厌烦、畏惧、悲观失望等不良情绪。教学方法的最优选择要依据以下几点：① 当前的教学任务；② 教材内容的特点；③ 学生的实际情况；④ 教师的自身素养；⑤ 外部教学环境。教学方法是教学过程中复杂的因素，对教学方法要灵活运用，使教学方法发挥更大的功能。

4．优化教学形式的组织

教学是师生的共同活动。因此，在教学中自然会产生师生之间的人际关系，以及学生之间的人际关系。在这里，着眼于这种人际关系，对教学中的班级组织结构进行分类，有以下三种基本形态：同步学习、分组学习、个别学习。

（1）同步学习

同步学习是在教师的直接指导下，班级全员一起进行的学习。

教师面向班级全员同时施教,又使学生把掌握的知识再反馈给自己。讲解、示范、课堂讨论等,都是学习形式。同步学习分为提示型的同步学习和师生共同解决型的同步学习。在同步学习中,师生构成了紧密的作业共同体,学生在教师的直接指导下,逐步朝着目标有序地进行学习,经过比较短的路程掌握知识和技能。就时间和精力来说,同步学习可以说是最经济的一种教学组织方式。

（2）分组学习

分组学习是班级分成许多小组,以组为单位进行的自主共同学习。在学生中间进行信息交换,从课题提出直至成绩评价,教师的直接指导稍稍退居后位。分组学习包括小组学习、班组学习、分团学习等。分组学习也就是将班级分成若干小团体,使学生主动地、共同地进行学习的教学组织方式。

（3）个别学习

个别学习是学生之间不交换信息,每一个人自主展开课题自行学习。在整合学习活动中,教师尽可能加以指导。这是在课堂情景中进行符合学生个别差异的教学,主要由学生个人与适合其学习特点的教学材料发生接触,并辅之以学生和教师之间直接的互动,是通过教学各因素的优化配置来提高学生的学习效果。采用班内个别教学,教师可以在全班上课的基础上因人而异地给学生布置学习任务。

这些教学组织形式都涉及教师与班级共同活动的外部形态,它们各有长处和短处,适用于某一特定任务,但未必适用于其他任务。所以,无论哪一种组织形式都不能认为任何时候都可以普遍适用。在教学中适时地运用适当的教学组织形式,将会强化教学活动,提高教学效果。

5. 优化教学过程的安排

（1）有效的教学情境创设。新课标提出,"让学习者在生动具体的情境中学习"。因此,在创设情境的过程中,教师要充分考虑学生的知识基础、技能及身心发展的阶段,创设能激发他们主动学习的教学情境。此外,教学情境的创设还可以从生活中选取一些学生所熟悉和了解的实例或模拟情境,从而提高教学情境的真实性,以激发学生的学习欲望,应该注意一点,教学情境的创设要以学生发展为本。

(2)有效的课堂提问。课堂提问是教学的核心,是启发式教学的一种主要形式,也是教师常用的教学手段。提高课堂提问的有效性,一方面能集中学生注意力,激发学习兴趣,引发学生积极参与学习活动,引导思考方向,提高思考层次;另一方面,还可以活跃课堂气氛,增进师生之间的情感,使教学过程既激烈又和谐。要使课堂提问有效,首先要做到提问针对性强,提问的语言要精练,不能不着边际、过于空泛,使学生不知从何回答。另外,提问的时机要恰当,问题少而精,在提问过程中要突出学生的主体地位。

(3)有效的习题设计。教师在设计习题时,要根据学生的年龄特点,结合具体的生活情境设计习题,尽可能地选择生动形象的习题,让学生产生生活处处是学问的认知。习题的设计要富有思考性和可操作性,同时具有一定的灵活性。真正做到让每一个学生从中体会到学习的乐趣,使学生主动参与到学习活动中,主动克服在学习中遇到的困难,达到事半功倍的效果。

二、合理分配课堂教学时间

1.以质代量,科学分配教学时间

在一定的范围内,学习时间与学习效果呈正相关,即学习时间越多,学习收获就越大。但超出一定范围,这种正相关关系就不存在了。学习时间过多不仅会使学生感到疲惫,而且会导致厌倦。所以,要明确教学环节的时间分配,注意弹性化的教学设计,合理安排教学时间,对教学设计的每一个环节所要花费的时间做到心中有数。例如,教师在板书的时候要安排学生阅读和思考,教学设计中多种可能的备选方案不能规定得太多,要注意对细节的处理。教师应注意分配给学生足够的时间去学习所要求学习的教学内容。

(1)以教学为中心,不能偏离教学目标

《全日制普通高中地理新课程标准》提出了"倡导探究性学习"

的理念,地理课堂教学将更多地出现实验、讨论、交流等活动,这也是进行 STS 教育实践的良好切入点,对所有的活动教师都应引导学生围绕教学目标进行。如在"水土流失的影响因素"的探究活动中,要让学生弄清水土流失受哪些因素的影响。可让学生采取如图 3-5 所示的实验步骤,得出最终的结果。

> 实验:观察不同条件下土壤侵蚀状况,并能对不同条件下水土流失的程度进行量化处理。
> 步骤 1:用松散土壤填入一个浅盒中,另取一个浅盒用紧实的土壤填好。让两个浅盒倾斜相同的角度,并用洒水壶或小铁筒向两个浅盒注入等量的水,然后进行观察。
> 步骤 2:重新把相同的土填入两个浅盒内,让两个浅盒倾斜相同的角度,将草皮盖在其中一盒土上,仍按原来的方式注水,然后进行观察。
> 步骤 3:再将同样的土填入两个浅盒内,一个倾斜角度小些,一个倾斜角度大些,注水,然后进行观察。
> 步骤 4:继续将同样的土填入两个浅盒内,让两个浅盒倾斜相同的角度,并用洒水壶或小铁筒以不同流速向两个浅盒注入不同量的水,然后进行观察。

图 3-5 "水土流失的影响因素"实验步骤

这样的探究学习紧紧围绕教学目标展开,在规定的时间内合理分配了教学时间,提高了教师课堂教学的时效性,并且让学生学习到了对比、量化等科学研究常用的方法。

(2)减少课堂管理、组织教学的时间

如果教师将过多的时间用在了组织教学和课堂管理上,就会挤占学生的学习时间。例如,发现有同学上课开小差,教师要尽量用眼神、变换音调或语速的方法对学生进行暗示,避免课堂时间中断,分散同学们的注意力。而对于较为严重的问题,如两位同学上课期间发生争执,教师不必在课堂上问清事情的来龙去脉,可以先让两位同学去办公室,课后再进行处理。学生进行小组合作探究后的展示活动存在谁来展示的问题,学生可能会因此而产生争执,这就要求教师要在学生进行展示前告知相关规则,通过运用预防性课堂管理的方法,最大限度地减少课堂管理的时间。

2. 以学为本,保障并适度增加"学科学习时间"

长期以来,人的因素在课堂中遭到冷遇,学生被当作一个抽象、静止的人,或者是被当作一个填充的容器,而不是主动的课堂教学的参与者。要想让学生成为课堂的主人,就要给学生更多的时间,依据自主、合作、探究的理念,使学生在课堂中不再是纯粹的接受者。"学科学习时间"直接决定学习效果,即"学科学习时间"越多,学习程度越高。而一节课的时间是有限的,这就要求教师树立以学生为本的教学理念,科学设计教学过程,建立合理的教学制度,充分利用有限的课堂时间,并最大限度地调动学生的学习积极性,以引起其对学习的兴趣与投入,使学生的学习时间尽可能多地变成"学科学习时间"。

(1)进行生动形象的教学,激发和维持学生的学习兴趣与动机,使其专注于课堂学习。如对"人口迁移"一节的教学,让学生回忆自己曾经听过、见过或参与过的人口迁移现象,从他们列出的现象中区分人口迁移与人口流动,分析人口迁移的原因,追踪人口迁移的最新的技术,减少大规模的人口流动的方法。这样,让学生首先接触到的是生活世界而不是科学世界,使学生感到所学的地理就在身边。

(2)对教学内容进行重组,设置悬念,使学生面临问题挑战,进而产生解决一定难度问题的欲望。如"分析判断气候类型"的教学中需要学生学习常见气候类型的特征、成因及分布,了解主要气候类型对应的自然带。教师可以事先设问:如何判断某地的气候特征呢? 据此特征你能推导形成该特征的原因吗? 讲授有关教学内容后,结合世界常见气候类型的图表资料出示"学习结果自我总结问题训练单",要求学生总结与反思本节课掌握的问题、解决方法及学习体会,并与他人交流,使学生体验到学习地理的快乐。这样的教学既体现了新课改所倡导的知识与技能、过程与方法、情感态度与价值观三位一体的教学目标,又能增进学生专注学习所学内容。

3. 充分的课堂准备,实现教学时间无谓消耗最小化

为了保证教学时间的合理分配,使学生有足够的"学科学习时间",必须要尽量减少教学时间的无谓消耗。

（1）使学生迅速进入学习状态。例如，初中地理在新学期的第一节课，联系学生熟悉的日常现象，提出疑问：为什么太阳东升西落？为什么我们的作息时间要调整？为什么一年内我们的影子有长有短？这些都是学生从小就好奇的现象，将教学内容与学生的生活经验联系起来，可以激发他们的好奇心和探索知识奥秘的欲望，使其注意力迅速集中到课堂教学上来。

（2）减少教学活动的过渡时间。教师应恰当地安排不同教学环节，如"地理环境的差异性"一节课，给出实物道具苹果、橘子、香蕉、菠萝、火龙果，再结合地图，观察每一种水果的生长需要什么样的环境？每一种水果生长地处于什么热量带？然后以此来串联整个教学过程。整堂课既有教师的讲解和总结，又有学生的观察、分析、讨论、归纳等，使教学紧凑有序，不浪费课堂教学时间。

（3）避免课堂教学中断。课堂中出现的意外事件或教师处理课堂中的问题行为，可能导致课堂教学的中断，造成学生课堂注意力的分散及课堂教学时间的浪费。如因学生不熟悉实验操作而耽误时间，就要求教师事先向学生讲解实验操作要领，并对出现的问题及时做出处理。

4. 把握最佳时域，实现教学时间价值的最大化

虽然增加"学科学习时间"是提高课堂时间利用效率的重要方面，但其方法是间接的，课堂教学中可以运用更直接的方法提高课堂时间利用效率。

（1）把握最佳教学时间。国内有研究表明：课堂45分钟内，学生的生理、心理状态分为五个时区，波谷（起始时区5分钟）——波峰（兴奋时区15分钟）——波谷（调试时区5分钟）——波峰（回归时区15分钟）——波谷（终极时区5分钟）的起伏发展规律，教学中可根据这种规律，完成不同的课堂教学任务，解决关键问题。据此，一节课中学生思维的最佳时间是课堂的前5～20分钟，这一时间段可以说是课堂教学的最佳时域，教师如果不能很好地把握这一时域，就很难提高课堂教学效益。因此，要提高课堂教学效率，就必须保证在最佳时域内完成主要任务，解决关键问题，并辅以精心设计的方法，使教学过程一

直沿着预定目标进行,学生也一直处于积极的专注状态。

如在讲解"洋流及其地理意义"内容时,为了促使学生的兴奋点从课间活动转移到课堂学习中来,可以利用电影《泰坦尼克号》片段提出:"泰坦尼克号"首航没有进入北极海区,那么使船沉没的冰山是从何而来呢?引导学生将注意力集中到课堂教学内容上,并且尽可能缩短起始时区;在兴奋时区,通过自学和演示实验,使学生了解洋流的成因及分类,弄清大洋表层洋流模式的形成规律。把学生的思维引入最佳境界,在此时间内尽可能解决教学重点、难点,并尽量延长兴奋时间;在调试区,变换教学方式,让学生小组合作,利用教科书上的世界洋流分布图,同学之间互相帮助找出不同大洋的洋流名称,激发学生主动积极的思考,以帮助学生度过疲劳波谷区;在回归时期,把教学推向新的高潮,让学生以小组形式分析下列现象:"奇之一:极地港口,终年不冻;大海之滨,黄沙满地。奇之二:捕不完的鱼儿捞不尽的虾。奇之三:路短耗时多,路长却耗时少。奇之四:南极洲的企鹅体内发现农药残留。"这样可使学生感到很兴奋,觉得学有所用;最后,让学生互相交流经验,如何用最简单的方法掌握大洋表层分布模式图。

(2)关注每个学生的"最近发展区"。现代心理学认为,学生在课堂上的学习是一个不断获得并加工信息从而不断调节、完善认知结构的过程。课堂信息量过少,环节松散,会导致时间的浪费;信息量过多,密度过大,超越学生的接受能力,学生因不能吸收消化而有挫折感,会使其丧失学习信心,教学效益自然低下,也是浪费时间。因而,教师必须依据学生的个体差异,将教学内容划分层次,保证不同程度的学生都能够在原有的基础上得到发展。

三、有效利用课堂教学时间

1. 课堂教学时间的弹性化处理

弹性化的课堂教学时间结构,要求把学生学习的自主性与课堂教学时间的统一性、学生自主学习时间与制度化学习时间有机结合起来。要灵活设置每一节课,改变传统的机械的分割课堂教学时间,不妨借鉴一下西方开放教育的时间组织方式。开放教育的课堂教学时间安排是灵活的,没有规定的作息时间,不存在上课与下课的铃声,学生可以根据自己的学习意向来安排时间,进行适合自己的学习活动,这既有利于培养学生主动的、积极的探究精神,也有利于完成某一个主题型任务。关于课堂教学时间的弹性化,一些学校可以进行尝试,如长时课与短时课相结合;"课程计划课""综合应用活动课"与"发展个性分组课"三结合;等等。

弹性化的课堂教学时间观关注人的存在价值和创造性发展,倡导依据质量的、关注学生内在体验的时间观去完成预定的教学任务,要求教师打破量化的、均质化的时间观机械地进行教学的做法。在弹性的课堂教学时间观下,教师在备课时不应该把教学环节的时间安排设计得过死、过细。采用小课时、大时间的办法,即根据课程标准的基本要求总体设计即将完成的教学任务所需的课堂教学时间,而对各教学环节所需时间只做粗略的估计。课堂教学的时间分配是有限的,但学习的探索活动是无限的,教师应鼓励学生利用宽松的课余时间到更广阔的知识天地里去探索,使课堂教学时间更具有弹性。

2. 增加学生支配时间的自由度

一味地追求速度不是教学的目的,现代化的课堂教学时间结构应为互动交融、多项交流、动态可变的时间结构,为学习者留出自由学习的时间,即要考虑教学内容和学生学习的特点,预留出学生按自己学习需要可支配的时间。学生在课堂上的思维可以超越时空的界限,每个个体对时间的感知也存在差异,教师应该彻底更新观念,相信学生,理解和尊重学生,了解学生的真实想法,走进学生的内心世界。教师应对课堂时间进行规划,系统地分析课堂教学中每分钟的利用方式,注意班级教学、小组教学和个别教学的组合,使所有学生的时间利用最优化,为每一类学生留出自由支配的时间,教师用真情投入教学中,感受学生对时间的需求,让学生主动地、积极地参与到课堂教学中来,把课堂还给学生,让学生成为课堂的主人。这样,教师完成了从课堂的主宰者到课堂的引导者、帮助者的转变,同时也完成了教师的根本任务,即帮助学生学习。

3．增加课堂实用时间

在课堂教学中,有些教师为了完成既定的教学任务,依旧采用"一言堂""满堂灌"的教学方式,或者教师提一些简单或假设性问题,缺乏真情实感的投入,与学生缺乏有效的交流。这与现代教学所提倡的培养学生的创新能力、激发学生的积极性、体现学生的主体性的教育理念相违背。教师要以现代信息技术为支撑,在现代建构理论的指导下,由知识的传达者到学生学习的开发者、设计者、指导者,最终成为学生学习意义建构的引导者,关注学生学习活动的开发和设计,让学生学会学习,提高学习能力和学习效率,在智力、情感、个性、精神和人格等方面全面培养和塑造学生,进行真正的育人活动。

4．提高学生课堂学习时间专注率

专注率是伯利纳在分配时间和专注时间基础上提出的概念,即分配时间内学生专注于某项教学活动时间所占的百分比。在专注学习时间中,学生积极地参与学习过程,包括读、写、听及问题解决。专注学习时间取决于课堂实践、学生学习动机、教学质量等多种因素。提高学生的专注率的目的是增加专注时间,使其尽量接近分配时间。提高学生的专注率要求教师在课堂中限定自己的讲授时间,保持轻快的教学节奏,根据学生情况选择课堂密度、速度、难度,创设生本互动的机会,给学生提供"学科学习时间",使学生专注于学习活动,高效率完成学习内容。增加学生专注学习时间的途径有二:一是教师通过采取适当的教学策略将学生的注意力和学习兴趣维持在一定水平。例如,教师以练习、提问等形式对学生的课堂学习进行阶段性督查,以提高学生学习的程度。二是教师根据学生的学习心理特点和学习能力的周期变化,采取一定措施合理设计与安排教学时间,以此来增加学生专注学习时间。

四、课堂时间管理的超越

教师课堂时间管理的出发点和归属点在于促进学生的有效学习。教师要成为课堂时间的规划者、调控者和生成者,使学生在课堂时间中也占有一席之地。这就要求教师做好课堂时间的规划,超越有限的课堂时空,把握教学时机,实现教学方式的转变,生成独特的教育智慧。

1. 课堂时间规划科学化

科学管理课堂时间是有效教学的基本前提和重要保障。一般来说,教师也在管理时间,如教案的制订、教学步骤的确定、教学时间的分配、教学节点的掌握等都是时间管理行为。但这种时间管理往往是随意的、附带的和零星的,缺乏系统性和自觉性,没有把时间管理作为一个完整的概念引进教学中。教师课堂时间规划科学化策略包括:① 课前预设。从课堂教学环节来看,课堂教学时间可以划分为复习旧课时间、导入新课时间、讲授新课时间、巩固教学时间、练习作业时间等。教师备课意在围绕"课堂教学 45 分钟"制订清晰的、详细的、操作性强的时间计划,这是课堂时间管理的先决条件。② 课中调控。在课堂教学活动中,课堂教学时间可以划分为教师教的独立活动时间、学生学的独立活动时间、课堂上教与学的互动时间。教师应将时间作为课堂的中心变量合理掌控。例如,教师教的时间不能超过一定的量,学生学的时间及师生互动的时间不能低于一定的量。课堂上师生一起进行一场理性的探险,碰出思维的火花,要确保具有足够的互动时间。③ 课后反思。课堂教学时间可以划分为知识与技能获得的时间、过程与方法的掌握时间、价值观与情感态度的体验时间等。教师课后反思应集中思考课前的教学时间预设是否足够合理,课中对各类教学时间的调控是否恰当,是否达到了预定的教学目标,是否受到了各种外在因素的影响,从而努力把外在因素对课堂时间调控的影响降到最低。

2. 课堂时空设置精细化

课堂时空设置涉及物理环境和教学情境。物理环境包括课堂的自然气氛、黑板的安排、课堂的布置、课堂活动的时间分配、教学资源的分配、交流的有效控制,以及学生学习热情的保持。情境环境主要指教师的教对学生的学所产生的影响,如解释、倾听和示范等,这实质上是一种人文环境。教师课堂时空优化的精细化策略包括:① 课堂环境的设置。教师要摒弃以把控为目的的做法,鼓励学生积极投入学习,自我管理,营造师生学习的共同体。在课堂时间的安排上,可尝试邀请学生参与完成。② 教学目标的设置。教师不能仅传授片段的知识和技能,还应设置项目和问题情境,帮助学生理解原理、知晓事实并发展技能。为尽力调适"标准"时间的误区,可邀请学生对课堂时间进行监督和调控。③ 育人目标的设置。教师不能让学生沿着教学节奏进行顺从性学习,而应发展学生学习的自治、自律能力和对学习的责任感,防止"丧失"时间的倾向出现,打破典型的教师讲学生听的局面。

3. 教学时机把握最佳化

教学时机是教师根据学生的心理特征、教学主题和学科特点,选择最佳的手段、方式和方法,在课堂极为有效、最易发生的时间段实施教学。教师教学时机把握的最佳化策略包括:① 注重教学机会成本。课堂45 分钟内,学生的生理、心理状态分为五个时区,即波谷→波峰→波谷→波峰→波谷。这种起伏发展的规律,要求教师掌握45 分钟价值曲线,强化波峰时间,抑制波谷时间。② 掌握课堂教学契机。教师的教学方法因人、因时、因境予以调整、组合和改进,才会恰到好处。这就需要教师把握好教学时机,包括导入新课的时机、教学组织的时机、提问的时机、演示的时机、组织讨论的时机、表扬与批评的时机、课程资源呈现的时机、教育技术手段使用的时机,以及评价学生的时机。③ 发挥教师专业智慧。教师的教育智慧表现为解决问题、激励学生探究、升华学生的生命价值等。教师的教育智慧在课堂教学中呈现为教学机智,也是追求和谐课堂的源泉所在。

4. 教学方式实施最优化

课堂时间的有效管理要求教师转变教学方式,激发学生的有效学习,帮助学生形成自己的理解,扩大有效学习时间。真正好的教学不是看教师讲得有多好,而是看学生学得有多深。有效教学源于教师的自身认同与自我更新。教师要为学生搭建自主学习的平台,利用现实情境,运用现代技术,让学生学会学习。教师转变教学方式的路径主要有:① 指导学生学会学习。该路径旨在巩固和发展学生的学习能力,掌握学习方法,养成学习习惯。② 鼓励学生之间的合作学习。该路径旨在发展和维持学生个人与其文化间的联系,通过合作学习,在学生之间建立起亲密的人际关系。③ 引领学生建构学习。该路径旨在让学生寻找自己学习的意义,在情境和机遇中建构自己的知识,发展学习的能力。教师只有转变教学方式,才能有效利用课堂的既定时间,降低课堂的损耗时间,确保学生的身心均投入有效学习时间。

五、加强学生自我的时间管理意识

时间是构成生命的材料,对时间的管理就是管理自己的生命。时间是无限的,但对于个体来说,时间是有限的,是一种非常有限的资源。时间观念是管理时间的前提,而良好的时间意识是强化时间观念的基础。

充分利用课堂时间并不是说课堂教学时间的安排要滴水不漏,严丝合缝,而是要向学生传递这样的信息:学习是非常重要的事情,值得花时间和精力,时间是不可以浪费的。在一定的课堂时间内,每个学生的听课效率是不同的。究其原因,除了每个学生的智力基础、知识储备、学习方法和习惯之外,听课效率还与学生有无明确的学习目标、是否有效的利用时间有关。因此,教师一方面要做好课堂教学的合理规划,如教师要严格按照学校规章按时到教室授课的意识;课前有拟订课堂时间流程表,合理规划课堂时间的意识;课中有充分利用好每一分钟时间的意识;课后有对课堂时间管理存在的问题进行反思并做相关改进的意识;对于及时完成任务的学生要予以表扬和赞赏。课堂教学的真谛是帮助学生发现自身的需要与不足,形成各自的问题并探究解决问题的方法,使学生的知识在原有基础上进一步拓展、深化,使课堂教学更富于创造性。因此,除了教师有效的时间管理外,还应向学生强调课堂教学时间的重要性,让学生树立自觉利用时间的观念,对学生提出要求,让学生明确学习目的。把时间利用的自觉性内化为学生自身的需要,才能产生自觉提高时间利用率的行为,树立时间资源的短缺意识,在有限的时间内通过科学的管理,努力提高时间利用率,减少不必要的浪费,以学到更多的知识,否则只能是被动应付。

第六节　STS 教育中时间管理的实际应用

总而言之,生活化地理教学要求以 STS 教育为指导,内容广泛涉及科学、技术、社会等多个方面,所以 STS 教育组织形式必须多样化,教学时间管理也必须更加灵活。教师必须冲破传统的封闭式的课堂教学模式,在教学时间和空间上都必须实行开放式教学,找准教材与 STS 教育的结合点,兼顾课内、课外、校内、校外。

一、第一课堂优化时间管理的尝试

第一课堂是指依据教材及教学大纲,在规定的教学时间内进行的课堂教学活动。

课堂是教学质量提升的主阵地,也是实施素质教育的主战场。课堂教学时间管理是课堂教育教学活动的重要组成部分,是影响课堂活力和制约学生学习的最大因素之一。

美国著名学习专家埃德加·戴尔的"学习金字塔"理论中总结五种学习方式的效益:通过"听讲",两周以后学习的内容只能保留5%;通过"阅读"学到的内容,可以保留 10%;用"声音、图片"的方式学习,可以保留 20%;通过"小组讨论",可以记住 50% 的内容;"做中学"或者"实际演练",可以记住 75% 的内容;"教别人"或者"马上应用",可以记住 90% 的学习内容。关于学生专注时间的研究,一些权威的教育家把课堂按分钟来分析,他们发现学生需要3~5 分钟才能静下来,在之后的 10~18 分钟内精力非常集中。再之后的时间里不管教师讲得有多好,多么吸引人,学生都会走神。诺贝尔奖得主神经系统学家 Eric R. Kandel 在其著作《寻找回忆》中提出,学习实际上是组成大脑的神经细胞发生一系列变化的过程。当某个细胞参与学习的过程时,这个细胞就会生长。"接受了教育"的神经元会长出新的突触,这个微小的附属物在神经元之间起到了传递信息的作用。如果活跃的突触数量增加,神经细胞在传递信息的效率就更高。如果从不同角度对同一概念进行学习并研究与其相关的问题,就能建立深层次的更多的信息链接。这些信息链接和与其相关的内容交织,共同构成我们日常所说的"理解"。

根据以上论述,从时间上看,教师连续讲授时间原则上不超过5分钟,要创设体现 STS 教育的情景组织学生活动不少于 5 分钟,把最重要的知识点放在学生专注的 10～18 分钟内。每节课留给学生总结的时间不少于 5 分钟,课堂检测时间不少于 5 分钟。

具体时间管理流程如图 3-6 所示。

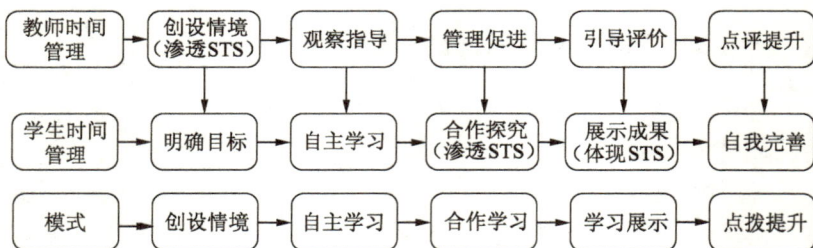

教师时间管理	→	创设情境(渗透STS)	→	观察指导	→	管理促进	→	引导评价	→	点评提升
学生时间管理	→	明确目标	→	自主学习	→	合作探究(渗透STS)	→	展示成果(体现STS)	→	自我完善
模式	→	创设情境	→	自主学习	→	合作学习	→	学习展示	→	点拨提升

图 3-6　时间管理流程

以鲁教版必修一第一单元《人口迁移》为例:

渗透 STS 的情景材料一:2015 年,联合国难民署发布的《全球趋势》报告显示,全球难民总数已接近 6 000 万,创"二战"以来新高。同时展示一些难民流亡的照片、线路图,包括那张著名的"让世界沉默的照片"。(引导学生关心社会现象,用所学知识去解释社会现象,同时也暗示学生要珍惜现在的学习环境。)

设问一:为何会出现上述现象?上述现象属于人口迁移还是人口流动?方向及背后深层次的原因?对迁出地和迁入地产生哪些影响?世界人口除了上述情况,还有哪些迁移和流动类型?

渗透 STS 的情景材料二:百度大数据图展示我国历年春运情况

（体现技术的力量），我国民工流被世界称之为最大的候鸟式人群。

设问二：找出春节期间的迁入和迁出地，思考背后的原因及影响。

渗透 STS 的情景材料三：2008 年上海高考唯一的一篇满分作文《他们》欣赏。（学生朗读后，引导学生体会作者对农民工子女的观察、关爱，字里行间流露出作者的社会责任感、树立一种平等的意识。）

设问三：谈谈流动人口对当地的影响。

三则材料从社会和技术角度来看人口迁移问题。既引出了本节课的知识目标：举例说明不同类型的人口迁移、分析人口迁移主要原因、举例说明人口迁移对环境和社会产生的影响，也实现了情感态度价值观的升华。学生的自主学习和合作讨论，以及展示占据课堂的大部分时间，符合新课改的自主、合作和探究理念。

二、第二课堂优化时间管理的尝试

第二课堂是指在第一课堂外的时间进行的第一课堂相关的教学活动。

下面结合乡土地理资源和校本课程做一些在地理教学中渗透 STS 教育优化第二课堂时间管理的尝试（见表 3-2）。

表 3-2　在地理教学中渗透 STS 教育优化第二
课堂时间管理的尝试（江苏省泗洪中学）

			各节内容	渗透 STS 教育的部分非课堂操作案例	时间管理说明
鲁教版地理	自然地理	必修一	地球所处的宇宙环境	地理学史、组建天文社团、地学软件（谷歌地球，Earth Browser）引入	前列尝试都要在第二课堂完成（非课堂时间）。
			地球自转的地理意义	地球形状探索史激发学生重观察、勤思考、敢创新的精神。手工制作时区盘、设计实验，证明地球自转偏向力的存在。My World 软件学习	

			地球公转的地理意义	地学软件引入、调查所住小区的采光权情况。本地地理坐标的获取	可以在开学初制订计划时根据进度有选择地穿插开展各类活动。
鲁教版地理	自然地理	必修一	辨别方向	借助技术手段绘制泗洪中学校园地图、野外求生中方向的判断讨论	① 社团类活动。可以结合学校总体社团活动安排。教师牵头，学生讨论设计好社团名称、社团章程、选择社团组织机构，就某一主题开展活动。② 社会实践类活动分校内和校外。我校自身有科技馆、地质园。校外实践基地有洪泽湖湿地、双沟酒厂、城区工业园区。③ 地理兴趣小组研究并撰写报告。④ 地理流动宣传栏配合各种节日、学生课余时间制作。⑤ 讲座类活动。教师从学校层面邀请专家。
			岩石圈与地表形态	观看纪录片、校园岩石调查、参观地质园、旅游照片中的地理学展示	
			大气圈与天气气候	气象社团、软件引入、实验设计（热力环流、海陆热力差异、锋面）、读气象图做天气预报员	
			水圈和水循环	节水教育宣传、泗洪县城市雨后内涝调查及解决方案、湿地考察、大航海时代的探索精神、郑和下西洋海上丝绸之路讲座	
			分析判断气候类型	气象社团、世界气候兴趣小组	
			地理环境差异性、整体性	学生整理游记、见闻。唐诗宋词中的整体性和差异性	
			圈层相互作用案例分析	组织学生参观校园地质馆、用地理眼光看我国著名旅游景点撰写小论文	
			学会等高线地形图	地学软件引入（Global Mapper、Surfer）、手工制作等高线（泥或纸）	
			自然资源与人类	兴趣小组：世界能源大调查、新能源讲座、节能宣传	
			自然灾害与人类	结合泗洪地方志调查泗洪曾经发生过的自然灾害。避灾知识竞赛	
			全球气候变化及其对人类的影响	制作气候变暖宣传画廊、气候变化与中国朝代交替的研究性学习、绿色生活宣传、古文明的衰落调查	
			遥感技术及其应用	技术引入 ArcGis、上帝之眼	

鲁教版地理	人文地理	必修二	人口增长与人口问题	辩论赛:我国计划生育政策的调整、对"二孩"政策的认识、对推迟退休政策的认识	
			人口迁移与人口流动	热点关注:2015年"二战"后最大的战争难民专题研究、地中海南北的自然文化差异、农民工的生存状况调查、迁徙的人们、民工流背后的农村现状	
			人口分布与人口合理容量	世界夜景看人口分布、人口分布与城市分布	
			学会利用统计图	地理制图的探究	
			城市与地理环境	文明的起源于文化传播、环境伦理观	
			城市区位与城市体系	对人文事象的思考、鲁教版上出现的德国地理学家介绍	
			城市空间结构	未来城市讲座、Google Earth上看泗洪城区城市功能分区	
			地理信息系统与城市管理	ArcGis软件功能展示、泗洪肯德基店的选址调查	
			农业生产与地理环境	泗洪特色乡土作物分布及生产条件调查、城郊农业的兴起和发展调查	
			工业生产与地理环境	参观泗洪工业园区、双沟酒厂污水处理设备	
			学用电子地图	对常用软件的普及	

续表

鲁教版地理	人文地理	必修二	人类活动地域联系的主要方式	从邮政的兴衰起落看地域联系的变化、京东、淘宝参与了多少地域联系调查
			交通运输布局	铁路选线问题
			交通与通信发展带来的变化	泗洪梅花镇火车站对泗洪发展的影响调查
			全球定位系统与交通运输	对常用软件的普及、北斗卫星导航系统建设、国家安全意识

由于课堂时间只有 45 分钟，重点在于科学知识的传授及反馈上，而很多需要实践、探究的内容会消耗很多时间或需要在特定场所才能完成，这就需要做好第二课堂的时间管理。鲁教版必修一和必修二教学内容分别为自然和人文地理。案例的选取可以体现 STS 教育渗透的不同方向。

地理第二课堂，即地理课外活动，是与地理课的课堂教学相对而言的，它是第一课堂的延续和补充，二者相辅相成，不能互相代替。地理第二课堂包括社团类活动、社会实践类活动、地理兴趣小组活动、地理流动宣传栏、讲座类活动等。围绕乡土地理开展的课外实践活动是丰富多彩的，可开展野外考察、社会调查、参观旅游等活动。错综复杂的自然、社会环境，促使学生在考察活动中不断地去接触、分析、思考、解决一连串的问题，提高他们地理观察和调查的能力。由于乡土地理考察所接触的一些问题与乡土地理环境、乡土经济发展是紧密结合的，远比地理课本知识复杂，这就为学生提供了更加多元化的现实地理问题，与此同时第二课堂的时间管理难度也大，需要教师周密计划，适时指导，及时评价及训练学生自我管理时间的能力。

目前，新一轮课程改革正在全国广泛深入地开展。中学地理特殊的学科地位决定了地理在培养学生科学技术素养和人文社会素养中的重要作用,将 STS 教育理念引入中学地理课程改革实践中,既能体现课改的要求,也是对中学地理教学策略的新尝试和新探索。在此基础上进行优化时间管理的尝试既有利于教学质量的提高,又能够促进教师自我专业成长,一举两得。但研究中还有很多操作和一些细节性问题尚未进行深入思考和实践,如不同课型的时间管理问题、不同课型的 STS 教育渗透地理教学的比重问题等,这些将是进一步研究的主题和方向。

第 四 章 时间管理在地理教学中的应用

第一节 湘教版地理七年级上册《认识地球——经线和纬线》

【课标要求】

运用地球仪,说出经线与纬线、经度与纬度的划分。

【教材分析】

地球仪是学习地球知识的必备工具,有关经纬线知识的学习,既是对地球形状和大小的进一步延伸,又对后面将学习的地球运动及世界地理、中国地理起重要的铺垫作用,是地理学中的重要基石,但对于空间概念弱的初中生来说,这部分知识很抽象。如何化难为易,是本节课甚至本学科的关键。

本节教材中分"纬线和纬度"和"经线和经度"两部分,可以借助Google Earth 软件,通过观察法、比较法、小组合作法、发现法等增强空间思维能力,从而有效突破本课时抽象难懂的内容。

【学情分析】

七年级学生年龄小,抽象思维能力弱,但好奇心强,求知欲高,思维活跃,喜欢通过课堂各种活动,主动学习,发现知识。所以,教学中应尊重学生的认知心理规律,借助于 Google Earth 并观察地球仪,通过小组内讨论探究,生生互动、师生互动,培养学生的兴趣,拉近知识与学生之间的关系。

【教学目标】

1．知识与技能

（1）观察地球仪上的纬线，总结出纬线的特点，能正确读取地球仪上纬线的度数，并总结纬度的变化规律，知道南、北半球的分界线是赤道。

（2）观察地球仪上的经线，总结经线的特点，能正确读取经线的度数，并总结经度的变化规律，知道东、西半球的划分。

（3）学会在地球仪和地图上正确判读经度和纬度，初步认识经纬网。

2．过程与方法

（1）通过观察地球仪，理解纬线和经线的分布，以及纬度和经度的变化规律。

（2）通过小组合作，增强合作交流能力，以及语言表达能力等。

3．情感态度与价值观

（1）通过小组竞赛，激发学习地理的热情和自信心，以及团结互助的情感。

（2）初步形成学生学习地理的兴趣，养成求真求实的科学态度。

【教学方法】

观察地球仪，发现经纬线特征，发展空间思维能力；小组合作比较纬线和经线，纬度和经度的差异；Google Earth 辅助教学。

【教学过程】

一、对比导入，切入新课

引导学生观察与思考：地球真实原貌与地球仪（如图 4-1 所示）主要有哪些不同？

学生踊跃回答。在学生回答的基础上，教师补充强调：地球仪是地球缩小的模型；地球仪上还有一些在地球上实际并不存在的，用于确定地理事物方向、位置的经纬网和经纬度。

设计意图：STS 教育特别提倡学生参与课堂，通过学生自主探究对比地球仪与地球的不同，既完成了学习任务，也有利于培养学生的发散思维能力和语言表达能力。

时间分配：学生观察思考 1 分钟、回答 2 分钟，教师讲解引入 1 分钟，这样既复习了上节课内容，又与教学主题有直接关系，起到了承上启下的作用。

（1）地球真实原貌　　　　　（2）地球仪

图 4-1　地球真实原貌与地球仪

二、利用 Google Earth，辅助课堂教学

师：现在让我们借助虚拟地球仪软件 Google Earth（如图 4-2 所示），一起探究经纬线、经纬度的特点和变化规律。

图 4-2　软件 Google Earth

用 Google Earth 让学生感受经纬线。在"视图"下点击"格线"，Google Earth 会将经纬线标出来。此时，特别将赤道、南北回归线、本初子午线等特殊经纬线用黄粗线突出，随着鼠标滑轮推近推远，经纬线更加密集，经度纬度标识非常清楚。这样就使学生认识到，地球仪上的经纬线不只是我们看到的几条，每一个点都有一条经线和纬线经过，并且发现他们有垂直关系。

设计意图：STS 教育强调科学、技术与社会的关系，强调科学技术在社会生产、生活和发展中的应用。本节内容中蕴含着丰富的 STS 教育内容，教学中应有意识地挖掘，找准与 STS 教育的结合点，让学生正确认识到科学技术的社会价值。而 Google Earth 借助先进的地理信息技术，利于学生空间能力的培养，从而理解纬线与经线的联系与区别，纬度与经度的来由，以及经纬网定位。

环节一：观察——归纳

学生观察

1. 观察 Google Earth 和地球仪，找出地轴、南极、北极、经线和纬线，说出经线和纬线的特征。

2. 观察地球仪，描述经度和纬度在地球仪上的排列规律。

3. 在地球仪上找出赤道和 0°、180°、20°W、160°E 经线，说明它们的重要性。

小组内探究归纳

1. 归纳比较经纬线的特征（见表 4-1）

表 4-1　经纬线的特征

特征	纬线	经线
形状		
长度		
指示方向		

2. 归纳比较经纬度的划分（见表4-2）

表4-2 经纬度的划分

特征	纬度	经度
0°起点		
变化规律		
代号		
半球划分		

思考拓展

1. 为什么不用0°和180°划分东西半球？（Google Earth）
2. 用简图表示东西经度和东西半球的划分。（如图4-3所示）

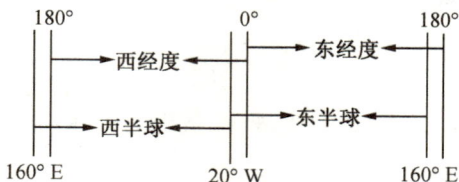

图4-3 东西经度和东西半球的划分

设计意图：经纬线的特点是学生通过自主学习即可完成。经纬度的划分比较抽象，难度较大，充分运用Google Earth、多媒体课件等直观教具，结合板图及时点拨、纠正、答疑、解惑。东西半球的划分是本节课的难点，突破难点的方法是借助Google Earth，思考为什么不用0°和180°划分东西半球？然后教师指导学生绘制经度划分和东西半球划分略图，让学生通过动手绘制简图，理解东西半球和东西经度的范围差异，突破教学难点，并让学生初步学会使用简图表述地理事物的技能。

STS教育认为教学目的不仅仅是了解科学知识、记忆科学结论，还要培养学生进行科学探究的能力，培养每个公民都应具有的科学素养。探究活动的过程是学生主动参与、主动体验的过程，是收获知识和成就感的过程。STS教育更体现了科学教育的本质特点，即科学方法、科学态度不是教出来的,而是在实践中探究与体验出来的。

时间分配:教师演示 Google Earth 5 分钟,学生观察思考和小组讨论 15 分钟,对比归纳 5 分钟。本环节涉及经线、经度、纬线、纬度等较多概念,并且这些概念多为空间概念,真正理解起来具有一定的难度,会给七年级学生带来学习上的困难。因此教学中分别运用 Google Earth、地球仪等直观教具,以便学生讨论、操作和观察。

环节二: 判读——定位

【学生活动】

(判读)

1. 在 Google Earth 上查找出上海、北京、纽约、伦敦,分别说出其经纬度。

2. 在 Google Earth 上找到(39°N,117°E),(49°N,123°W)和(32°S,151°E)三个地点,找到附近是哪个城市?

(定位)

利用经纬网进行位置定位的规则:

1. 分清经线和纬线。

2. 分清南北纬度和东西经度。

3. 用经纬度定位。

设计意图:经纬网的判读与定位既是重点,又是难点。在学习了经纬线和经纬度之后,首先让学生在 Google Earth 上进行判读(两种形式的判读),然后归纳总结利用经纬网定位的规则。上述步骤的设计由判读到寻找规律再到绘图应用的顺序,遵循了由易到难、步步深入、层层递进、循序渐进的原则,将难点分解细化,逐个突破,完成教学重点和难点的学习。

时间分配:教师讲解经纬网定位的规则 3 分钟,学生利用 Google Earth 查找定位 10 分钟,这样利于学生进一步加深对经纬网作用的理解。

三、构建梳理,归纳小结

【学生活动】

构建知识体系(如图4-4所示)

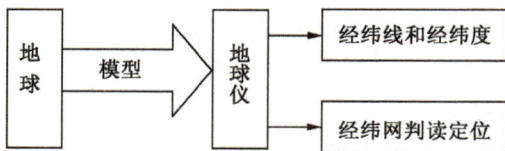

图4-4　知识体系

设计意图:对所学内容可以从知识和方法两个方面进行构建。通过对学习过程的梳理,找出"知识与技能"和"过程与方法"之间的联系,打破以知识传授为主线的教学模式,构建学习方法体系。最后对所学知识进行总结、归纳、概括、梳理,让学生将所学知识点进行有机整合,构建知识体系。

STS教育重视更全面地达成多维教学目标。"知识与技能""过程与方法""情感态度与价值观"三个维度是一个有机的整体,但应试教育忽略了情感态度和价值观教育。所以教学中渗透STS教育可以弥补应试教育这一缺陷,使学生全面发展。

时间分配:学生用活动构建知识体系2分钟,教师总结1分钟,从总体上把握本节课的教学目标,实现教学的重难点。

【教学反思】

在课堂实施的过程中,动态把握学情,针对学生的不同情况,灵活调控课堂。通过课堂表现来看,学生的参与性高,教师实施积极的教学评价,给学生心理上的安全感、成就感和自尊的满足感,整节课比较成功,有效达成三维目标。从整个课堂时间设计来看,教师教的独立活动时间共为9分钟,并且教师讲解时间的重点主要放在方法的讲解与思维的启发引导上,学生小组活动共用了28分钟,每一个小组活动的开展要让学生明确目标,在教师规定的时间内达成学习目标,从而学会自控时间,管理好时间,有效实现高效课堂的目的。但学生对于 Google Earth 这一虚拟地球仪软件兴奋度过高,因而在小组探究经纬线的特征和经纬度的划分时,时间消耗过多,导致学生时间管理混乱,所以还应引导学生合理规划时间,有选择地探究相关问题。

本节课中使用了 Google 开发的全球卫星影像浏览软件 Google Earth,其卫星影像的真实直观和高精度性,为经纬线及经纬度的学习提供了有利的平台,同时也有助于强化地理学科中技术与科学、社会等领域的联系。基于现代信息技术的地理教学信息平台,为发展学生创新意识和信息处理能力提供了较好的技术环境,而这也与 STS 教育所强调的科学、技术和社会三者的结合,重视科学内容的社会性和应用性,强调把学生培养成为既懂地理知识又了解自然与社会,并能参与人地关系决策的人才教育目标高度一致。

第二节　湘教版地理八年级上册《中国的水资源》

【课标要求】

运用资料说出我国水资源时空分布的特点及其对社会经济发展的影响;结合实例说出我国跨流域调水的必要性。

【教材分析】

本章以自然资源为题,仅选取土地资源、水资源、海洋资源作为学习内容,在学习过土地资源后,本节承担着进一步让学生"了解人类所面临的人口、资源、环境和发展等重大问题,初步认识环境与人类活动的相互关系"和"增强对环境、资源的保护意识,初步形成可持续发展的观念,逐步养成关心和爱护环境的行为习惯"的任务,这一目标的达成,与"地理学是研究地理环境以及人类活动与地理环境相互关系的科学"的课程性质高度吻合。

【学情分析】

学生在小学阶段就受过节约水资源的教育,但对于我国水资源不足的现状及其对社会经济发展的影响了解并不深入,因此教学中要培养学生正确的资源观,增强保护水资源的责任感。南水北调的东线工程经过江苏泗洪,但学生未必知道,所以教学中要让学生能够感受身边的地理事物,学习对生活有用的地理知识;八年级的学生好奇、好表现、求知欲强,已经初步具备了读图、用图、综合分析问题的能力,所以教学中一方面要运用直观、生动的教学手段给学生提供大量的信息,另一方面要努力构建学生合作、交流、展示的平台,让学生在掌握知识、培养能力的同时,获取成功的幸福体验。

【教学目标】

1. 知识与技能

通过阅读地图和文字资料,使学生认识和理解我国水资源时空分布不均的特征及其对社会经济发展的影响,知道我国水资源的现状,了解我国解决水资源时空分布不均的措施。

2. 过程与方法

培养学生使用地图和相关图表、材料及利用所学知识分析、解决问题的能力。

3. 情感态度与价值观

使学生认识珍惜水资源的重要性,初步树立保护环境的意识,并从自己的实际生活出发,节约用水,有意识地保护有限的水资源,保护我们生存的环境。

【教学重难点】

1. 教学重点

我国水资源时空分布不均的特点及相应的解决措施。

2. 教学难点

通过了解我国水资源不足的现状及对社会经济发展的影响,培养学生正确的资源观,增强保护水资源的责任感。

【教学方法】

1. 读图分析法：解决教学重点和难点。
2. 问题探究法：激发学生学习兴趣和积极思维。
3. 合作学习法：培养信息搜集整理能力、合作学习能力。

【教学过程】

一、导入新课

1. 创设情境：今天家里停水了。学生谈感受。

2. 展示两组数据资料：水对生命的重要性、水对生产和生活的重要性(如图4-5所示)。

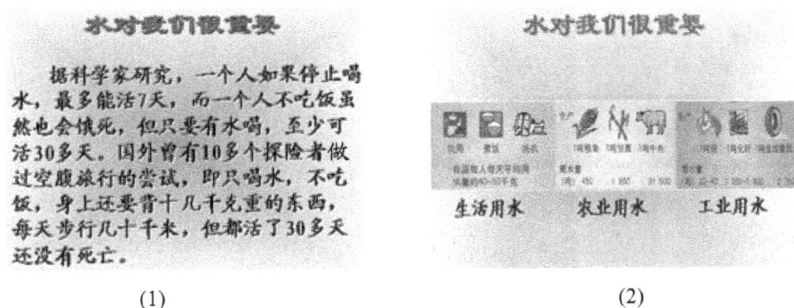

(1)   (2)

图4-5 水资源的重要性

引出课题——中国的水资源。

设计意图：STS教育特别提倡学生参与课堂，通过创设情境唤起学生对水的重要性的生活体验，同时用数据资料将学生对水的重要性由感性认识提升到理性认识。

时间分配：学生谈停水感受2分钟，阅读数据资料1分钟，教师强调水资源的重要性引入课题1分钟。

二、学习新课

活动一：认识水资源的时空分布

1. 多媒体展示：

① 中国哈尔滨、北京、武汉、广州四地的降水量柱状图；

② 中国水资源空间分布图；

③ 中国年降水量分布图。

2. 活动准备：提前布置学生搜集有关中国水资源分布的资料；将全班学生每六人分成一个小组，进行小组合作学习。

3. 活动要求：

（1）结合第①幅图和手中资料，讨论分析中国水资源的时间分布规律及其原因。

（2）结合第②③幅图和搜集到的资料，讨论分析中国水资源的空间分布规律及其原因。

（3）各小组讨论后整理结论，推选两名同学回答上述问题。

（学生展开热烈的讨论，教师巡视指导，解难释疑）

4. 学生代表上台展示本组搜集到的资料并分析中国水资源的时空分布规律及其原因，各小组间互相点评、补充，教师结合学生分析的情况进行归纳总结。

$$水资源的分布\begin{cases}地区分布悬殊：东多西少，南多北少\\时间分配不均：夏秋多，冬春少，年际变化大\end{cases}$$

5. 小组探究：我国水资源的时空分布对农业、工业和城市有何影响？

（师生共同归纳）中国水资源的分布情况是南多北少，而耕地的分布却是南少北多。比如中国的华北平原，耕地面积约占全国的40%，而水资源只占全国的6%左右。华北地区人口稠密，工农业发达，是中国重要的粮食产区，缺水使粮食大幅度增产受到限制。缺水对工业生产也有很大的影响，它不但限制了钢铁工业、化学工业等耗水多的工业部门的发展规模，而且影响了现有工业的正常生产。水土资源配合欠佳,进一步加剧了缺水的程度,水资源的时空分布不均使许多城市供水不足,影响了城市居民的正常生活。

设计意图:活动一的探究需要学生提前搜集有关中国水资源分布的资料并结合第①②③幅图,以小组讨论的形式分析中国水资源的空间分布规律及其原因。为了打通前后知识之间的联系,引导学生掌握好我国水资源的分布规律,要让学生结合我国气候和河流知识来分析原因。同时思考我国水资源的时空分布对农业、工业和城市带来的影响,为活动二的探究做好知识储备。

STS 教育认为教学目的不仅仅是了解科学知识、记忆科学结论,还要培养学生进行科学探究的能力,培养每个公民都应具有的科学素养。探究活动的过程是学生主动参与、主动体验的过程,是收获知识和成就感的过程。STS 教育更体现了科学教育的本质特点,即科学方法、科学态度不是教出来的,而是在实践中探究与体验出来的。

时间分配:学生小组讨论分析中国水资源的时间分布规律及其原因 8 分钟,各小组间互相点评补充、教师归纳 4 分钟;小组探究我国水资源的时空分布影响 4 分钟。小组讨论分析中国水资源的时间分布原因及其影响是难点,所以教师应给小组充足的时间来思考讨论。

活动二:找出解决途径

1. 针对活动一所讲的水资源时空分布不均的现状,各小组讨论分析,献计献策,找出解决水资源不足的方案。

(各小组先进行讨论,然后进行抢答竞赛,抢答完之后,教师根据抢答的情况进行总结,归纳概括出一些切实可行的解决水资源不足的方案,并对表现突出的小组进行肯定。)

师生共同归纳总结。

$$解决途径\begin{cases}地区分布悬殊\rightarrow跨流域调水\\时间分配不均\rightarrow兴修水库\end{cases}$$

2. 展示资料：

三峡水利工程

三峡工程是人类有史以来计划兴建的最大水利工程,大坝高185 米,长 1 983 米,最终正常蓄水位 175 米,水库总容量 393 亿立方米,水电站装机 26 台,总装机容量高达 1 768 万千瓦,比之前世界上最大的巴西与乌拉圭合建的伊泰普水电站还要大 508 万千瓦,年发电量 840 亿度,相当于 10 座大亚湾核电站,6.5 个葛洲坝电厂,一个年产 2 100 万吨石油的油田或一个年产 4 200 万吨原煤的煤矿,工程全部竣工后,仅售电收入每年可达 75 亿元。这是一个重振长江流域威风的宏伟布局,预示了长江经济带激动人心的广阔前景。

南水北调工程

经过专家长期、科学的论证,基本上确定了南水北调的西线、中线、东线三种调水方案。西线方案是从长江上游的通天河、雅砻江、大渡河引水入黄河,以解决西北地区的缺水问题。中线方案由汉江上游的丹江口水库引水,跨长江、淮河、黄河、海河四大流域,经郑州、石家庄等城市一直流向北京、天津。东线方案是从长江下游扬州附近抽引长江水,沿着京杭运河北上,在山东西部穿过黄河,进入河北再抵达天津。

小组探究:兴修水库、跨流域调水工程能不能提高我国人均水资源占有量? 在实施工程措施的过程中应该注意什么?

学生讨论,师生共同归纳:兴修水库、跨流域调水工程、南水北调工程主要用于解决我国水资源时空分布不均的现状,并不能提高我国人均占有量,从某种意义上说,保护好现有的水资源比调水、蓄水更重要。因此在实施过程中,一定要注意不能浪费资源、破坏环境。

设计意图:通过活动一的探究,学生明确了我国水资源时空分布的基本特点,即在时间分配上,季节变化和年际变化大;在空间分布上,地区分布极不均衡。水资源的时空分布不均,导致我国水旱灾害频繁。同一时间,此地旱彼地涝;同一地区,此时旱彼时涝。这对各地区社会经济的发展带来了很大的影响。因此,解决水资源的时空分布不均及其带来的问题,成为活动二的探究内容。

STS 教育跟社会生活有着密切的联系,地理学科将全球的环境问题、能源、国家重点工程等专题渗透到相关地理知识教育当中,同时在某一个知识点的教学中又涉及多个社会热点问题,因此,在地理教学中渗透 STS 教育是深化地理教育的一个重要途径。它在提高学生的科学素质、学习科学的兴趣、解决实际问题的能力上,都起着非常重要的作用。本节内容中蕴含着丰富的 STS 教育内容,教学中,应有意识地挖掘,找准与 STS 教育的结合点,让学生正确认识科学技术的社会价值。

时间分配:各小组讨论分析水资源分布不均的解决措施 8 分钟,师生共同归纳 2 分钟,探究兴修水库、跨流域调水工程相关问题 5 分钟。引导学生认识到兴修水库是为了调节水资源的季节分配,修建跨流域调水工程是为了调节水资源的地区分布。

活动三:分析资料,认识节约用水的重要性

1. 展示中国水资源的总量和人均占有量世界排名,以及生产、生活中的污染、浪费现象(如图 4-6 所示),引导学生思考如何解决这些问题。

图 4-6　水资源污染、浪费现象

2. 引导学生分别扮演:种粮大户、造纸厂厂长和家庭小主人,分别从农业、工业和生活的角度提出解决水资源污染、浪费、利用率低等问题的办法(如图 4-7 所示)。

图 4-7　解决水资源污染、浪费问题的办法

（1）学生讨论、交流并展示，教师点评，补充展示工业、农业、生活中的常见做法。例如，农业中的喷灌、滴灌、地膜覆盖，种植耐旱作物，少用农药化肥，种植绿色有机农作物、蔬菜，减少污染；工业中，提高水的利用率，进行水的重复循环使用，污水达标排放；生活中，一水多用，选用节水器具，少用洗涤剂、清洁剂等。

（2）每个人是家庭中的一员，也是国家中的一员，教师提出：我是国家小主人，学生再次讨论如何向全国进行节约用水和保护水源的宣传（如图 4-8

图 4-8　节约用水和保护水源的宣传

所示）。

设计意图："节约用水"部分通过资料和漫画让学生意识到节约用水的必要性、紧迫性，并引导学生思考怎样解决这些问题。以角色扮演的形式让学生分别从农业、工业和生活的角度提出解决水资源污染、浪费、利用率低等问题的办法。同时解决问题的视角由小家到国家，提升学生的认识高度——人人都要有为国家水资源的节约与保护做贡献的义务。

STS 教育重视更全面的达成多维教学目标。"知识与技能""过程与方法""情感态度与价值观"三个维度是一个有机的整体，但应试教育忽略了情感态度与价值观教育。所以在教学中渗透 STS 教育，正可以弥补应试教育这一缺陷，让学生全面发展。

时间分配：学生分析水资源利用过程中存在的问题 3 分钟，以角色扮演的形式解决水资源利用过程中存在的问题 5 分钟，教师小结 2 分钟。让学生认识到水资源利用过程中存在的问题既有自然原因也有人为的原因，角色扮演的活动将人为原因简单归类为工业、农业和生活，是对学生思考方向的引领，同时也有利于调动学生的积极性。

【教学反思】

本节课的教学设计中，教师一改传统教学中的主导地位，不再以传授知识为主，而是通过设计一些生动、活泼的教学活动，激发学生的学习兴趣，激励学生主动参与、主动思考、主动探索、主动创造，将学生转变为课堂学习的主体。从整个课堂时间设计安排看，教师教的独立活动时间共用了 9 分钟，并且教师讲解时间的重点主要放在方法的讲解与思维的启发引导上，学生小组活动时间共用了 28 分钟，每一个小组活动的开展要让学生明确目标，在教师规定的时间内达成学习目标，从而学会自控时间，管理好时间，有效实现高效课堂的目的。学生通过一系列的课堂活动（如搜集整理信息资料、漫画分析和角色扮演等），分析我国水资源的现状，找出解决我国水资源不足的主要途径，并树立节约用水和保护水资源的意识，体现学校"生态课堂"的教育理念。

在地理教学中渗透 STS 教育就是要把科学教育与当今的社会

生活、社会生产和社会发展紧密地结合起来,最终培养出了解社会、能推动社会进步的高素质人才。这就需要学生不仅学习系统的地理知识,还要懂得这些知识在其他科学、技术和社会生产中的应用;这样也有利于培养学生关注生活、关注社会、关注国家、关注环境的意识,培养学生的社会责任感。

第三节　鲁教版高中地理必修(一)《辨别地理方向》

【教学目标】

1. 知识与能力

(1)掌握利用地图辨别方向的一般步骤和规律。

(2)学会利用罗盘判定方向。

(3)学会利用手表、太阳、北极星等生活中易见易得的事物,在野外大致判别方向。

2. 过程与方法

(1)培养学生的读图分析能力。

(2)在设计活动中,培养学生与他人合作,运用适当的方法和手段,培养学生表达、交流、反思自己地理学习和探究的体会与成果。

3. 情感态度与价值观

(1)通过学习辨别地理方向解决相关问题,培养学生独立思考,动手能力和学以致用的能力。

(2)引导学生注重观察自然现象和事物,激发好奇心和求知欲,做科学的发现者,增强学生的野外生存能力,并锻炼学生的意志。

【教学方法】

指导学生自主学习、合作探究,引导学生自己动脑、动手。在自主、探究的过程中,获得文化知识和野外生存技能。

【教学过程】

一、创设有趣情境,引入新课(预设时间5分钟)

教师:生活在城市里,我们可以根据路标、路牌辨识方向,但是,如果在茫茫的原始森林,在险峻的深山,在茫茫的沙漠,在没有路标和路牌的情况下,怎么来辨别方向呢? 凭你自己的经验,这时你会有哪些办法让自己摆脱困境?

学生:思考、讨论片刻,踊跃回答。

教师:简要总结学生的回答(同学们的想法很丰富),有些同学提出借助全球定位系统(GPS),但是如果你的带有定位功能的手机或GPS手持机没有信号了怎么办呢? 今天就让我们共同探究辨别地理方向的方法。

设计意图:假设在野外迷失方向,引发学生探究地理方向辨别的兴趣和动力,同时也让学生知道本节课的学习与同学们的社会生活密切相关,这也体现STS教育强调的学科教学应与当前的社会生产和生活结合的基本精神。

时间预设:该环节预设时间5分钟,教师引入问题1分钟,学生活动3分钟,教师导入新课1分钟。

时间调控:该时间段为非"用功时间"。故在时间调控时,要按照预设的时间进行严格的把控,不超时。学生刚接触新鲜事物,处于兴奋期、不稳定的状态,课堂秩序较为混乱,教师更需要进行适当的引导,使学生带着求知欲,快速进入学习状态。

二、新课内容设计(预设时间35分钟)

活动一

学生自主学习教材20~21页的"在地图上辨别方向",然后小组合作探究以下内容,组员上讲台用科学准确的语言向大家介绍在三种地图上辨别地理方向的方法,可以自己在黑板上画图讲解,也可以利用展示台进行演示。针对投影上教师设计的题目,完成相应的方向的判断,教师总结。

投影上教师设计的题目如下:(教师可事先设计好投放在展台上)

1. 读下面的等高线图,判断甲村位于乙村的什么方向? 并判断C处的河流流向。

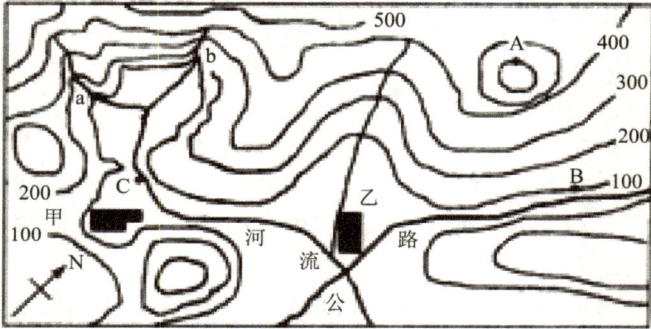

第1题图

2. 判断下图中甲地位于乙地的什么方向? 甲地位于丙地的什么方向? 丙地位于乙地的什么方向?

3. 判断下图中甲地位于丙地的什么方向?

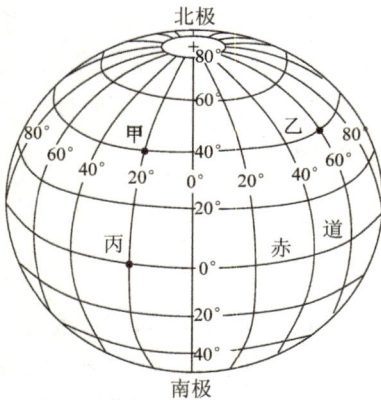

第2题图

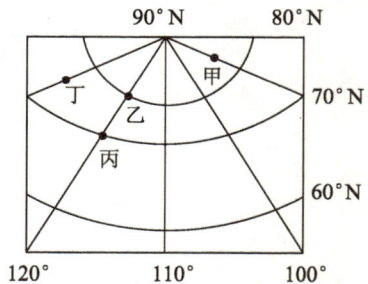

第3题图

设计意图：STS 教育特别提倡学生参与课堂，通过学生自主探究和小组合作探究完成学习任务，并在此基础上借助技术手段表达自己的认知和学习成果。先让学生自主学习课本上的内容，体现学生的主体性，展现新课程改革的学生是课堂的主人；设计小组合作探究的内容时应充分体现 STS 教育的理念，强调学科教学不仅使学生获得学科扎实的基础知识，而且培养学生分析问题、解决问题的能力，设计的题目中既有考试中常出现的方向判断问题，也有跟社会生活密切联系的河流流向问题。让学生自主学习后，再到讲台介绍三种地图上方向辨别的方法，并解析教师设计的练习。这个过程中要使用投影仪、展台，让学生切实体会到 STS 中的技术在教学中的应用，学生的展示要求用科学准确的语言，体现 STS 中的科学在学习中的重要性。

时间预设：该环节预设时间 10 分钟，学生自主学习 2 分钟，学生合作探究 6 分钟，教师总结 2 分钟。

时间调控：国内有研究表明，课堂 45 分钟内，学生的生理、心理状态分为五个时区，呈波谷(起始时区 5 分钟)—波峰(兴奋时区 15 分钟)—波谷(调试时区 5 分钟)—波峰(回归时区 15 分钟)—波谷(终极时区 5 分钟)的起伏发展规律。可见该时间段为学生生理、心理的兴奋时区，是达成教学目标的关键"用功时间"。在活动的实施过程前，教师要给学生明确每项活动的用时，培养学生对时间管理的意识，合理管理好自己的时间，提高学习效率。教师按照预设对时间进行整体把控，同时要注意因学生的个体差异而造成的无谓时间消耗，如同样的教学内容和同样的教学时间，个人能力强的学生会感到时间多余，而个人能力弱的学生则感到时间不足。在展示时间段，学生的控制能力较弱，课堂氛围较为活跃，学生的情绪波动较大，教师要进行适当的引导，使展示环节流畅，避免无谓的时间消耗。

活动二

教师：同学们一定都旅游过，在占地较小的公园，如洪泽湖湿地公园，我们很容易辨别方向。但是，如果在一个大风景区的某个景点，你对周围的环境不熟悉，且身边只有一张该风景区的导游图，如何辨别方向？自主学习教材 21 页"在野外用地图辨别方向"，进行小组合作探究，然后到讲台上举例说出你在野外用地图辨别方向的方法。

（学生兴趣被激发，活动积极。）

设计意图：STS 教育特别提倡学生参与课堂，通过学生自主探究和小组合作探究完成学习任务。该活动的设计充分体现 STS 教育所强调的培养学生从实际问题出发进行学习。学生的举例多是本土的旅游，这也体现了 STS 教育重视乡土地理的理念。

时间预设：该环节预设时间 5 分钟，自学合学 3 分钟，展示 2 分钟。

时间调控：过渡要精炼，减少教学活动的过渡时间。20 分钟后，学生会进入一个相对疲劳期，通过活动二进一步调动学生的学习积极性，以使其保持持续的兴趣与投入，使学生的学习时间尽可能多地变成"用功时间"。学生展示仍然是教师重点把控环节，既要让学生充分展示，又要有时间意识，引导学生用精练的语言、到位的表述，在规定的时间内完成展示，这本身也是时间管理意识培养和锻炼的一种有效方法。

活动三

每个小组分发教学用具指南针和罗盘，让学生结合教材 22 页的罗盘使用方法进行方向的辨别，小组学习，然后让学生到讲台演示指南针和罗盘的使用。教师最后总结使用罗盘的注意事项：① 要校正磁偏角；② 测方位时，罗盘要水平放置，远离磁性物质；③ 读数时，目光要垂直于刻度，斜视误差较大。

设计意图：学生对该活动特别感兴趣，因为有真实的仪器可以操作。让学生感受到技术和社会这两个元素在学习中的渗透，这是 STS 教育特别强调的。

时间预设：该环节预设时间 10 分钟，合学 4 分钟，展示 4 分钟，教师总结 2 分钟。

时间调控：该环节为动手实验环节，是提高"用功时间"学习效率的一种有效方法，但由于时间利用的开放性，很容易导致时间的无谓浪费以及学生的有效"用功时间"小于教师预设的时间。具体来说,由于学生处于兴奋状态而不能集中注意力于实验本身,或者学生不熟悉实验操作而耽误时间。这就要求教师要事先向学生明确实验目的,讲解实验操作要领,布置学生课前搜集相关资料,并对出现的问题及时做出处理,以保障教学活动的顺畅。

活动四

在晴朗的白天,我们可以利用太阳来辨别方向。小时候我们就知道了"太阳东升西落"的道理。但大家有没有注意到夏季的早上,朝北的窗户会射进第一缕阳光,落日的余晖又会在北边的窗户看到。这是什么原因呢? 提示学生要从昼长的季节变化角度来考虑。

学生:积极验证教师讲的现象的真实性并积极思考。

教师:小组讨论,学生到讲台描述如何根据太阳辨别方向,教师点评。展台上展示教材 22 页北纬 40°地区的二分二至日太阳视运动轨迹图(配以动画演示)(如图4-9所示)。

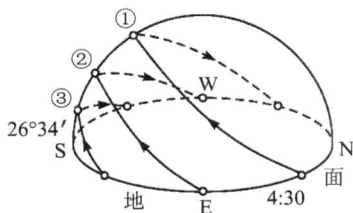

图4-9 北纬40°地区二分二至日太阳视运动轨迹图

设计意图:该活动学生比较感兴趣,因为联系到学生的现实生活场景,体现了 STS 教育强调的学科教学应与当前的社会生产和生活结合的基本精神。

时间预设:该环节预设时间5分钟,合学展学4分钟,教师总结1分钟。

时间调控:现代心理学认为,学生在课堂上的学习是一个不断获得并加工信息,从而不断调节、完善认知结构的过程。课堂信息量过少、环节松散会导致时间的浪费;信息量过多、密度过大超越了学生的接受范围,使其丧失学习信心,也是浪费时间。本活动内容对于学生来说具有一定的难度,教师需要变换教学方式,激发学生主动积极地思考,以帮助学生度过困难期,使得预设时间真正有效。

活动五

学生自主学习教材23页的活动题和教材24页的知识窗,了解在野外如何巧妙辨别地理方向方法,如利用手表大致辨别南方,利用不同朝向积雪融化的速度大致分辨南北方向,利用树木年轮间距辨别方向,利用房屋的朝向辨别方向,等等。

设计意图:在学习了前面几张辨别地理方向的方法后,学生对方向的辨别颇感兴趣,在此处设计让学生自学在野外利用眼前事物简单的辨别方向,充分体现STS教育倡导的培养学生解决实际问题的能力,而且可以增加学生的地理素养,提高野外生存的能力。

时间预设:该环节预设时间5分钟,自学4分钟,教师点评1分钟。

时间调控:该时间段临近课尾,学生的生理、心理状态都处于较疲劳状态,教师应该引导学生由动到静,结合实际生活问题,对教学的重要内容深入理解,融会贯通,真正做到预设时间等于"用功时间"。

三、课堂总结,情感价值观教育的提升(预设时间5分钟)

教师:对本节课主干知识进行总结。同时对本节课表现积极的小组和组员,合理规划和利用时间的学生进行表扬并鼓励,期待以后涌现出更多这样的同学。

设计意图:STS教育认为教学目的不仅仅是了解科学知识、记忆科学结论,还要培养学生进行科学探究的能力,培养每个公民都应具有的科学素养。探究活动的过程是学生主动参与、主动体验的过程,是收获知识和成就感的过程,能充分体现学生的自主性和主动性,对学生的终身发展极其有利。

时间预设:该环节预设时间5分钟。

时间调控:教师总结时要注意语言的精炼,不要拖泥带水,在小块时间的高效利用上给学生树立榜样。同时,教师也要对在规定的时间内,对高质量完成学习任务的个人和小组进行表扬或奖励,使之意识到时间管理的重要性,并在生活和学习中自主自觉地加以关注。

第四节 鲁教版高中地理必修（二）《区域水土流失及其治理——以黄土高原为例》

【教学目标】

1. 知识与能力

（1）了解黄土高原存在的主要环境问题及其危害。

（2）从自然因素和人为因素两方面分析水土流失形成的原因。

（3）在了解小流域综合治理的基础上,总结治理水土流失的基本措施。

2. 过程与方法

（1）识别不同区域的环境问题,形成分析区域环境问题的一般思路与方法。

（2）通过多种方式和途径,有效地搜集与环境有关的信息。

3. 情感、态度与价值观

（1）培养学生正确地认识人地相互作用的关系,形成可持续的发展观。

（2）关注环境,积极参与有关环境的决策和行动,做有责任感的公民。

【教学重点】

1. 分析水土流失形成的主要原因。

2. 理解水土流失治理的主要措施。

【教学方法】

引导学生自主学习、合作学习和探究学习,开展地理观测、地理考察和地理实验等实践活动,充分发挥学生的主体作用。

【课时安排】

2 课时

【学习资源】

1. 制作学生版多媒体课件,并上传到校园网。

2. 印发实验报告单、评价检测练习单。

【实验器材】

长方形盒子两个、小桶或带漏斗的小玻璃瓶两个、筛网两个、洒水壶或在底部均匀钻出小孔的铁筒两个、泥子若干、草皮、天平、酒精灯。

【教学过程】

一、创设情境,明确目标

【导入】 由学生按照教师的要求,从中国的环境现状,水土流失的现状、影响及最新的治理技术等方面,做演讲式导入。

设计意图:课前教师要求学生结合课程内容中的主要知识点自行搜集与此相关的科学前沿动态、科技成果、科学技术作用于社会的实例等方面的资料,这样做可以开拓学生的视野,使他们养成看书读报、上网搜集资料,以及学习科学知识、关心科技成就、了解科学技术在社会生活中的作用的良好习惯,培养学生对地理——社会问题的意识和敏感性。学生通过对知识、环境、科技措施间的关系的深入理解和体会,增强 STS 意识。

时间预设:5 分钟。

时间调控:该时间段为激情引趣时间,属于非"用功时间"。采用学生演讲的形式,使得学生处于兴奋期,教师要进行适当的引导,要求学生在课前做足功课,使学生带着求知欲快速进入学习状态。不然会出现无法在规定的时间内完成预设任务,而导致"用功时间"被侵占。

【出示】 投影教学目标,明确学习任务。

设计意图:在过程与方法、情感态度与价值观中明确提出与

STS 教育相关的目标要求。

时间预设：2 分钟。

时间调控：要求教师不拖泥带水，在预设时间内清晰准确地明确学习任务。

【过渡】以黄土高原的水土流失为案例，按"明确区域环境问题—分析问题的主要原因—了解问题的主要危害—制订解决问题的相应对策"思维链来研究环境问题。

设计意图：明确案例分析的一般性思维过程，实则是强调科学、技术和社会三者的结合。

时间预设：2 分钟。

时间调控：要求教师提前设计好过渡词，保障在预设时间内目标的达成。

二、自学合学，学习新课

【合学与展学】按照了解区域的一般角度，设立位置范围组、气候组和地形地貌组等学生自主学习小组。由教师提供导学单，学生按照导学单中所列项目，提前通过多种手段搜集多样化资料，并自制幻灯片，用于课堂展学。（教师在导学单中一定要给学生以指导，如搜集哪些方面的资料、利用什么样的多媒体。）

教师在学生展学的基础上，适当的讲解、补充和强调。

设计意图：教会学生如何感知世界，比直接告诉学生世界是什么样更让学生印象深刻。让学生描述自己感知的世界，比教师的讲授会更加精彩和让人期待。这完全符合 STS 教育所提倡的通过学生自主探究和小组合作探究完成学习任务的方法。要鼓励学生自主交流、自主学习，并进行总结或提炼要点。在此基础上，借助技术手段表达自己的认知和学习成果。STS 教育所提倡的技术和社会两个维度，在此环节渗透明显。

时间预设：15 分钟。

时间调控：该时段的学生处于生理、心理状态的第一个波峰，为教学目标达成的关键"用功时间"。该部分合作学习开展的前提是课前的适当准备,教师对于课前任务的明确化、方法指导的科学化有利于学生在较短课前时间内高质量地完成准备任务。实际上,这也是利用非课堂时间培养学生管理时间意识的一种有效方法。

　　小组合作学习环节中学生的时间较多,为重要的"用功时间"。如果教师只是提出需要达成的最终目标,而不对学习环节进行科学安排,必然会导致学生时间利用效率的低下。教师应该从小组组成和组员分工两个角度去科学安排,保障合作学习有序、高效地开展。小组组成既要考虑人数,也要考虑学生的个体差异。实践证明,6个学生为一小组既利于合作学习的开展,又符合现在大部分学校的班级人数规模。在编排6个学生的时候,一定要充分考虑学生的个体差异,不能出现学习能力相近的学生集于一组,因为会导致能力强的小组感到时间多余,而能力弱的小组感到时间不足。这就必然会迫使教师迁就弱能力小组的用时,从而导致预设时间的超时。同时,组员的科学分工,也是教师需要考虑的。团队的效率是大于个人的,但一个无组织的团队效率同样也是低下的。教师要抓住这种时间管理意识培养的良好时机,引导学生关注团队合作的时间效率如何提高。实践证明,确立小组组长、根据个体差异和个人特长安排分工,是可以实现时间高效利用的。

　　在展示时间段,学生的控制能力较弱,课堂氛围较为活跃,学生的情绪波动较大,教师要进行适当的引导,使展示环节流畅,避免无谓的时间消耗。

　　【过渡】在黄土高原特征鲜明的地理背景下,会形成什么样的环境问题?该问题的形成机制又是什么?人类的哪些发展行为加剧了该问题的出现?

　　【实验及成果汇报】班级分为四个学习小组,每组以实验法(实验方案可自行设计或采用教师提供的参考方案)为主,探究水土流失的形成机制。各组以实验报告单的形式呈现探究成果。结合黄土高原地理特征,利用实验成果,以文字形式总结黄土高原水土流失的成因。由各组发言人以多种技术形式汇报、讲解本组成果,组内其他同学补充,并针对教师的问题进行答辩。

【师评】教师对各小组的自主学习成果和答辩情况进行肯定性评价,并利用课件进行更加系统、简练的归纳总结。

设计意图:科学技术的迅速发展带来了经济发达、社会繁荣、人们生活幸福,但与科学技术发展有关的重大社会问题(如环境、生态、人口、资源等)也随之不断出现。引导学生关注、构建正确的科学观。

STS教育旨在提高公民的"科学素养",因而在教学方式上要重视学习过程中的探究与体验。探究性实验以实验为载体,学生在教师的指导下,运用已有的知识和技能,通过实验亲自发现问题、探究问题和解决问题,探究科学结论和发展的过程。它可以使教学不仅仅局限于科学知识本身,还可以揭示出其中的科学思想和科学方法。它采用"问题—假设—实验设计—实验探究—得出结论—表达交流"的新模式,要求学生借助教师所提供的信息自行思考设计实验步骤,并在教师的引导下实施探究活动。它强调学生探究新知的经历和获得新知的体验,实现结果和过程的并重。这不仅能逐步培养学生动手操作、收集证据、设计实验等科学探究的能力,也能增强分析能力、表达交流的能力。学生在实践中建构了基本的地理技术实践能力,提高了地理科学素养,与STS教育旨在提高公民科学素养的宗旨相符。

时间预设:20分钟。

时间调控:20分钟后,学生的学习会进入一个相对疲劳的状态。通过实验探究,进一步调动学生的学习积极性,以使其保持持续的兴趣与投入,使学生的学习时间尽可能多地变成"用功时间"。但由于设计的实验为"探究—结论类",而不是"仪器操作类",实验更具开放性,干扰"用功时间"的突发事件发生概率更高。教师必须在实验开始前、进行中、结束后进行科学调控,保证"用功时间"的高效,避免时间的无谓浪费。开始前:精心设计实验流程,准备好实验器材,讲解实验操作流程,明确小组分工;进行中:巡视课堂,及时提醒学生集中注意力于实验,及时解决学生的实验问题;结束后:快速收集实验器材,整理实验报告。需要指出的是,设置实验环节的目标指向更趋向于 STS 教育的具体实践,其预设时间同样可以认为是"用功时间",这是现在地理课堂教学所认识不到的。

展示和答辩环节仍然是教师重点把控环节,既要让学生充分展示,又要有时间意识,引导学生用精练的语言、到位的表述,在规定的时间内,完成展示和答辩,这也是时间管理意识培养和锻炼的一种有效方法。

(第一课时结束)

【过渡】水土流失在我们身边存在吗? 它会造成哪些影响呢?

【实地调查】由教师选取学校周边可能出现水土流失的小区域,如待开工的建筑工地、未耕作的荒地、新建的大型公园等,学生分组对选定区域的水土流失情况进行实地调查,分析水土流失造成的影响,并形成调查报告。

【师评】教师对学生的调查报告进行点评,选取优秀成果,予以展示。并在此基础上,形成对水土流失危害的规范性表述。

设计意图:调查研究是地理教育中实施 STS 教育的一项重要实践活动。开展以学生为主体,进行探究性、创造性的社会实践活动,使学生有机会更好地接触社会,这能很好地体现 STS 教育的社会功能。组织学生开展研究调查的主要目的有:认识社会问题的综合性和复杂性;学习对社会问题进行探究的方法;增强社会责任感。在调查研究过程中要求学生能够确定调查研究的方法;能够对调查的数据、资料进行分析论证、得出结论;能够对调查研究的结果进行评估。从培养学生的创新精神和实践能力这一目标出发,发动学生结合具体学习内容,走出教室,走向自然,走向社会,进行广泛而深入的调查研究,能更好地体现 STS 的教育思想,全面提高学生的地理素养。

时间预设:15 分钟。

时间调控:该部分教学环节的设置,包括课前调查和课堂展示两部分。一般来说,课前调查部分由学生以小组的形式自由完成。但自由并非放纵,教师还必须要求在限定的时间内完成调查。教师要从调查区域选择、调查计划设计、调查报告编制等角度,指导学生如何开展调查活动,以避免由于学生的盲目性而导致的时间浪费。课堂展示部分同样是教师要重点调控的环节,具体要求不再赘述。

【过渡】解决生活和生产中的问题,是科学研究的终极目标,没有任何科学研究是脱离生活和生产而进行的。那么如何进行水土流失的治理呢?

【自学与合学】下发"六道沟小流域综合治理"资料包(图文、数据、视频等),由学生按照"自学—合学—展学"的生态课堂模式,梳理治理水土流失的具体方法,并设计图文结合的思维导图加以说明。

设计意图:STS 着眼于研究系统各个因子之间的相互作用,研究如何发挥人与社会在系统中的能动作用,以保证人类文明健康发展应具有的最佳状态。重视科学技术在社会生产、生活和发展中的应用,并以此作为指导思想组织实施科学教育,即"科学技术作用于社会"。

教师通过本框内容的教学,鼓励学生运用所学的地理知识,尝试解决实际问题,使学生增长科学知识与技能的同时社会责任感得到提高。学生通过本框内容的学习,了解地理科学技术在环境治理中的应用现状和发展前景,引导学生关注地理科学的最新技术及其在社会生活中的应用价值,并能对科学—技术—社会的相互关系形成正确认识。

时间预设:20 分钟。

时间调控:学生在课堂上的学习是一个不断获得并加工信息,从而不断调节、完善认知结构的过程。课堂信息量过少,环节松散,会导致时间的浪费;信息量过多,密度过大,超越学生的接受能力,使其丧失学习信心,也是浪费时间。本活动是学生在所提供的资料包的基础上进行自主学习,资料包即信息,其内容的多少、难易程度会影响学生的学习效果。教师应该精心选择相关资料,所选资料既要利于教学内容的达成,又要利于 STS 教育的实践,避免资料的臃肿、重复和堆砌。既不能让学生轻松地获得结论,也不能让学生抓不到关键,学生"跳一跳"才能摘到苹果是最合适的。

【学生答辩】

1. 工程措施、农业技术措施和生物措施包括哪些具体方法?

2. 在黄土高原的不同位置(沟谷、缓坡、塬面)采取了何种措施? 它们分别起到了什么作用?

【师评】教师及时评价,对部分知识进行适当分析、讲解。

设计意图:科学研究的最终成果就是能够运用于社会的各种结论和方法。答辩环节的设置意图在于培养学生对于结论的概括总结能力,解决来自不同研究者质疑问题的能力,并在质疑的基础上完善结论,这才是健康的科学精神,也是 STS 教育所希望达成的目标。

时间预设:5 分钟。

时间调控:该时间段属于学生生理、心理状态的波谷期,学生的生理、心理都处于较疲劳状态,采取答辩的形式能够牵引学生在小块时间内同样专注于课堂学习,帮助学生渡过疲劳期。

三、课堂总结,升华提升

【师评】在总结归纳所学知识的基础上,将所学知识引向其他亟待解决的环境问题,拓宽学生的知识面,引发探究兴趣。

设计意图:对学生的课堂行为进行"激励结语式",使学生认识到 STS 给社会带来的价值,激发学生热爱地理科学,为科学事业奋斗终生,在教学中真正渗透 STS 的精神。

时间预设:5 分钟。

时间调控:教师总结时要注意语言的精炼,不要拖泥带水,在小块时间的高效利用上,给学生树立榜样。同时,教师也要对在规定的时间内高质量完成学习任务的个人和小组进行表扬或奖励,使之意识到时间管理的重要性,并在生活和学习中自主自觉加以关注。

(第二课时结束)

参考文献

［1］石伟.时间管理［M］.企业管理出版社,2004.

［2］潘劲松.时间管理的诀窍——时间管理工程学［M］.辽宁科学技术出版社,1988.

［3］王德清,陈金凤.现代管理案例精析［M］.重庆大学出版社,2004.

［4］何常明,成君亿.两位时间管理专家剔透时间管理的秘密——有效的计划表、聚焦和专注［M］.全球商业,2006.

［5］林孟平.小组辅导与心理治疗［M］.上海教育出版社,2005.

［6］樊富珉.团体心理咨询［M］.高等教育出版社,2005.

［7］冯仁德,徐剑锋,何万波.论有效的时间管理［J］.经济师,2003(8):241-242.

［8］周晓阳.中学校长的个人时间管理［J］.绍兴文理学院学报,1995(1):82.

［9］潘晓云.论重要的管理技巧——时间管理［J］.现代领导,2006(7):30.

［10］贾玉婷.时间与管理［J］.湖北成人教育学院学报,2006,12(3):35-37.

［11］陈德云.教师压力分析及解决策略［J］.外国教育研究,2002,29(12):54.

［12］黄希庭,张志杰.论个人的时间管理倾向［J］.心理科学,2001,24(5):516-518.

［13］黄希庭,张志杰.青少年时间管理倾向量表的编制［J］.心理学报,2001,33(4):338-343.

［14］黎兵,杨嘉乐.初中生时间管理倾向、自我效能感、学习归因与

学业成绩关系的研究[J].心理学探新,2004,24(4):67-71.

[15] 张丽娟,鲁忠义.大专生成就目标定向与时间管理倾向的相关研究[J].河北大学学报(哲学社会科学版),2006,31(4):69-73.

[16] 秦启文,张志杰.时间管理倾向与生活质量关系的调查研究[J].心理学探新,2002,22(4):55-59.

[17] 何伟强,胡建梅,徐建华,等.大学生时间管理倾向与心理压力的关系研究[J].思想理论教育,2004(Z1):105-107.

[18] 陈以洁.不同层次高校大学生时间管理倾向的差异研究[J].佛山科学技术学院学报(社会科学版),2004,22(6):93.

[19] 张甜,谢钰涵.不同自信水平大学生时间管理倾向的比较[J].中国健康心理学杂志,2006,14(6):615-618.

[20] 李玲,黄艳苹,刘建平.大学生家庭教养方式对时间管理倾向的影响[J].中国健康心理学杂志.2007,15(1):50-51.

[21] 邓凌,陈本友.大学生时间管理倾向、主观时间压力与抑郁的关系[J].中国心理卫生杂志,2005,19(10):659-684.

[22] 邓凌.中学优生与后进生时间管理倾向的比较研究[J].中国临床心理学杂志,2005,13(2):190-202.

[23] 孙圣涛,姚誉羚.大学生时间管理倾向与应对方式、人格特征的相关研究[J].中国临床心理学杂志,2006,14(2):186-187,182.

[24] 任泽港,柳春香,何克,等.大学生时间管理倾向与成就动机、焦虑的关系研究[J].贵州师范大学学报(社会科学版),2006(1):125-129.

[25] 王丽平.企业员工时间管理倾向与心理健康水平的相关研究.职业与健康[J].职业与健康,2007,23(17):1487-1489.

[26] 牟丽霞,王丽.浙江省高师学生时间管理倾向与心理健康水平的相关研究[J].中国健康心理学杂志,2005,13(1):61-63.

[27] 钟慧.大学生时间管理倾向与成就动机的相关研究[J].心理科学,2003,26(4):747.

［28］李海青,孙志军.自考生时间管理倾向与成就动机的相关研究［J］.中国健康心理学杂志,2007,15(5)：407-409.

［29］陈本友,邓凌,黄希庭,等.中学优生的时间管理倾向与成就动机的相关研究［J］.西南师范大学学报(人文社会科学版),2006,32(4)：5-8.

［30］陈本友,张锋,邓凌,等.老边穷地区高中生时间管理倾向特点及相关因素研究［J］.西南大学学报(人文社会科学版),2007,33(2)：9-13.

［31］陈煦海,李怀虎.苗族、土家族高三学生自我价值感与时间管理倾向的调查研究［J］.保健医学研究与实践,2007,4(2)：23-26.

［32］张锋,毕重增,陈本友.自我价值感、心理控制源和A型人格对时间管理倾向的影响研究［J］.西南师范大学学报(人文社会科学版),2005,31(6)：6-9.

［33］张志杰,黄希庭,凤四海,等.青少年时间管理倾向相关因素的研究［J］.心理科学,2001,24(6)：649-653.

［34］程科,王蕾.青少年时间管理倾向与自我价值感的相关研究［J］.高校保健医学研究与实践,2005,2(4)：16-19.

［35］黄希庭,毕重增,夏崇德.国家青年排球队员时间管理倾向与自我价值感的相关研究［J］.心理科学,2004,27(6)：1296-1299.

［36］李儒林,胡春梅,田川,等.大学生时间管理倾向与主观幸福感的相关性［J］.中国临床康复,2006,10(46)：67-69.

［37］江燕.时间管理倾向在工作—家庭冲突对主观幸福感影响中的作用研究［J］.新余高专学报,2007,12(2)：77-81.

［38］徐长江.中学教师职业紧张状况及其原因的调查［J］.浙江师大学报(社会科学版),1998,23(6)：120-123.

［39］王蔚.基础教育课程改革对教师素质的新要求［J］.北京教育学院学报,2003,17(3)：55-58.

［40］曾玲娟.论新时期初中教师职业压力［J］.广西师范学院学报

（哲学社会科学版），2004，25（2）：92 – 95.

[41] 杨雪梅.北京市小学教师时间管理能力的调查与思考[J].北京教育学院学报，2007，21（1）：79 – 82.

[42] 陆林，石伟.管理人员时间管理倾向与自我价值感关系的调查研究[J].心理科学，2006，29（1）：61 – 63.

[43] 周鸿.高中生自我价值感、时间管理倾向和学习成绩的相关研究[D].西南大学硕士学位论文，2006.

[44] 范翠英.大学生时间管理倾向与压力和主观幸福感的关系[D].华中师范大学硕士学位论文，2006.

[45] 袁圆.员工的时间管理、工作——家庭冲突和主观幸福感的关系研究[D].华中师范大学硕士学位论文，2006.

[46] 黄伟伟.管理者的时间管理倾向及其与工作绩效的关系[D].贵州师范大学硕士学位论文，2006.

[47] 艾平.时间管理倾向量表的编制及相关研究[D].上海师范大学硕士学位论文，2006.

[48] 刘玲玲.大学生时间管理倾向与心理健康的关系研究[D].江西师范大学硕士学位论文，2006.

[49] 徐锋.大学生自我统一性、时间管理倾向与网络成瘾的相关研究[D].陕西师范大学硕士学位论文，2005.

[50] 栾国霞.中学生时间管理倾向、成就动机、自我效能与成就归因对学业成就的影响[D].曲阜师范大学硕士学位论文，2006.

[51] 李如良.中专生时间管理倾向的现状及其与学业成绩的相关研究[D].云南师范大学硕士论文，2006.

[52] 宋倩.高职生时间管理倾向的相关研究[D].南京师范大学硕士学位论文，2006.

[53] 刘玲玲.大学生时间管理倾向与心理健康的关系研究[D].江西师范大学硕士学位论文，2006.

[54] 江燕.时间管理倾向和工作——家庭冲突对组织承诺和主观幸福感的影响及其权变效应[D].江西师范大学硕士学位论文，2007.

［55］丁红燕.大学生时间管理倾向的干预研究.华中师范大学硕士学位论文［D］,2006.

［56］胡郐虹.中学教师时间管理初探［D］.首都师范大学硕士学位论文,2007.

［57］［英］约翰·阿代尔.时间管理［M］.湖南出版社,2008.

［58］［美］J. W. 李,M. 皮尔斯.时间管理的艺术［M］,夏忠华,译.世界图书出版公司,1989.

［59］［德］博松,自我时间管理［M］,马爱丁,金晓涛,译.百花洲文艺出版社,2002.

［60］［美］罗斯·杰伊,时间管理［M］,胡玲,译.华夏出版社,2004.

［61］Macan T H,Shahani C,Dipboye R L, et al. College students' time management：Correlations with academic performance and stress［J］. Journal of Educational Psychology, 1990,82(4):760－768.

［62］Britton B K, Tesser A. Effects of time-management practice on college grades［J］. Journal of Educational Psychology, 1991, 83(3): 405－410.

［63］Jex S M, Elacqua T C. Time management as a moderator of relations between stressors and employee strain［J］. Work & Stress,1999,13(2): 182－199.

［64］William E Kelley. No time to worry：The relationship between worry,time structure and time management［J］. Personality and Individual Differences,2003,35(5): 1119－1126.

［65］Hall B L, Hursch D E. An evaluation of the effects of a time management training porgram on work efficiency［J］. Journal of organizational Behavior Management,1982(3): 73－96.

［66］Green Peter,Skinner Denise. Does time management training work? An evaluation［J］. International Journal of Training&Development, 2005,9(2): 124－139.

附　录

教师调查问卷

尊敬的教师：

　　您好！感谢您抽出宝贵的时间来填写这份问卷。此问卷主要是想了解教师的工作情况。问卷不必署名，所得信息仅供研究之用，答案无所谓对错，恳请您按照要求如实填写。您的意见对于我们非常宝贵，谢谢您的支持！

　　以下是基本资料，请在符合情况的序号上打"√"。

1. 性别

（1）男　　　　　　　　（2）女

2. 年龄

（1）30 岁以下　　　　（2）31～35　　　　（3）36～40

（4）41～45　　　　　　（5）46～50

3. 教龄

（1）2 年以下（含 2 年）　（2）3～5 年　　　（3）6～10 年

（4）11～15 年　　　　（5）16～20 年　　（6）21 年以上（含 21 年）

4. 婚姻状况

（1）未婚　　　　　　　（2）已婚

5. 正在攻读或已获得的最高学位

（1）大专以下（含大专）　（2）本科　　　　　（3）硕士

6. 职称

（1）无　　　　　　　　（2）中学二级　　　（3）中学一级

（4）中学高级

7. 担任的工作

（1）教学工作　　　　　（2）行政工作　　（3）教学兼行政工作

8. 是否担任班主任

（1）是　　　　　　　　（2）否

9. 月平均收入

（1）1 000 元以下　　（2）1 001～1 500 元　　（3）1 501～2 000 元

（4）2 001～2 500 元　（5）2 501～3 000 元　　（6）3 001～3 500 元

（7）3 501 元以上

10. 曾获奖励或荣誉级别

（1）校级　　　　　　（2）县级　　　　　（3）市级

（4）省级　　　　　　（5）国家级

11. 曾承担过何种科研课题

（1）校级　　　　　　（2）县级　　　　　（3）市级

（4）省级　　　　　　（5）国家级

12. 所教学科

（1）语文　　　　　　（2）数学　　　　　（3）外语

（4）政治　　　　　　（5）历史　　　　　（6）地理

（7）物理　　　　　　（8）化学　　　　　（9）生物

（10）音乐　　　　　（11）体育　　　　　（12）美术

（13）计算机　　　　（14）其他

13. 所教年级

（1）初一　　　　　　（2）初二　　　　　（3）初三

（4）高一　　　　　　（5）高二　　　　　（6）高三

　　下面的内容是对教师工作情况的了解。请将下列描述与您的真实情况或感受进行比较，并在您认为合适的答案上打"√"。

序号	问题	从未 如此	很少 如此	有时 如此	经常 如此
1	我感觉自己的感情已经在工作中耗尽了	1	2	3	4
2	我常在工作一整天后感到筋疲力尽	1	2	3	4
3	我每天早晨想到要面对一天的工作时，就无精打采	1	2	3	4
4	我能很容易地了解学生对事情的感受和想法	1	2	3	4
5	我感到对待有些学生像对待没有生命的物体一样	1	2	3	4
6	整天与学生和同事打交道，对我来说压力确实很大	1	2	3	4
7	我能很有效地处理学生的问题	1	2	3	4
8	工作使我疲惫不堪	1	2	3	4
9	我觉得我的工作对他人有积极的影响	1	2	3	4
10	自从开始从事这份工作，我对人越来越冷淡了	1	2	3	4
11	我担心教育这项工作使我对事情失去感情	1	2	3	4
12	我感到精力充沛	1	2	3	4
13	我的工作让我感到挫折沮丧	1	2	3	4
14	我的工作太过辛劳	1	2	3	4
15	对于一些学生发生了什么事，我一点都不在乎	1	2	3	4
16	直接与人交往的教育工作对我来讲压力太大	1	2	3	4
17	我能轻易地与我的学生营造轻松的氛围	1	2	3	4
18	与我的学生密切合作后令我感到兴奋	1	2	3	4
19	我在教育工作中已完成了许多有意义的事情	1	2	3	4

序号	问题	从未如此	很少如此	有时如此	经常如此
20	工作让我有快崩溃的感觉	1	2	3	4
21	在我的工作中,我能非常冷静地处理情绪问题	1	2	3	4
22	我觉得学生和同事会把自己的问题怪到我头上来	1	2	3	4

下面是对时间的看法及对时间的利用情况。请您将下列描述与您真实情况或感受进行比较,并在您认为合适的答案上打"√"。

序号	问题	完全不符合	大部分不符合	部分符合	大部分符合	完全符合
1	我通常把每天的活动安排成一个日程表	1	2	3	4	5
2	我每天都给自己指定一个工作目标	1	2	3	4	5
3	目前我尚年轻,浪费一些时间无所谓	1	2	3	4	5
4	在每周开始之前,我都制订了目标	1	2	3	4	5
5	对每个人来说,时间就是一切	1	2	3	4	5
6	每年我都要制订自己的工作计划	1	2	3	4	5
7	我认为我在工作和休闲上的时间分配是合理的	1	2	3	4	5
8	我总是把大量的时间花在做重要的工作上	1	2	3	4	5
9	在新年开始的时候,我通常都要制订这一年中自己的奋斗目标	1	2	3	4	5
10	我对自己设定的目标充满信心	1	2	3	4	5
11	利用好时间对我具有重要的意义	1	2	3	4	5
12	我对自己浪费掉的时间充满懊悔	1	2	3	4	5

续表

序号	问题	完全 不符合	大部分 不符合	部分 符合	大部分 符合	完全 符合
13	我确定的目标通常都难以实现	1	2	3	4	5
14	只要是重要的工作,我一定要挤时间去做	1	2	3	4	5
15	要做的事情很多,我都能处理好这些事	1	2	3	4	5
16	我认为时间就是力量	1	2	3	4	5
17	我常常对自己的工作在什么时候完成没有一个期限	1	2	3	4	5

后　记

　　转眼耕耘教坛已经三十载。三十年悠悠岁月,三十年沧桑经历,留在记忆里值得回味的事有很多。本书是我教育教学生涯中一朵艳丽的小花,奉献出来与同行共享。

　　曾在命过不惑之年又一次回到魂牵梦萦的大学校园。在那里,我丝毫没有感觉到一些人眼中阿姨学长的尴尬,因为在知识的神圣殿堂里没有年龄差异,只有孜孜以求;在那里,我没有因为年龄偏大而学业落后于同窗的担心,因为我有一股从不服输矢志不移的心劲儿。在我的性格辞典里没有困难和辛苦,因为我始终把这些当作人生的财富;我没有追求功名的浮华,因为求知、学习才是我的人生真谛,丰富充实的人生永远是我努力的方向。欧阳文珍教授在课题的选定和研究上给予我最重要的指导,她用丰富的知识帮助和影响了我,开拓了我的视野,丰富了我的思想,让我获益匪浅。三年后,我如期毕业,顺利取得硕士学位。硕士学位论文便成了本书的雏形。过去五年的教研工作实践,实现了由最初的教师时间管理到课堂教学时间管理的延伸,生活化地理教学时间管理的研究进一步丰富了本书的内容。

　　我主持的省级课题《基于地理案例教学的 STS 教育实践研究》是书稿的重要组成部分,课题参与者有泗洪中学的宋青、张飞、马云、周洪祥、施伟、杜燕老师,他们在书稿的撰写过程中提供了大量的素材,在此一并致谢。